找到你生命的答案

懂得真實面對自己活出精彩人生的十個答案

卓天仁 主編

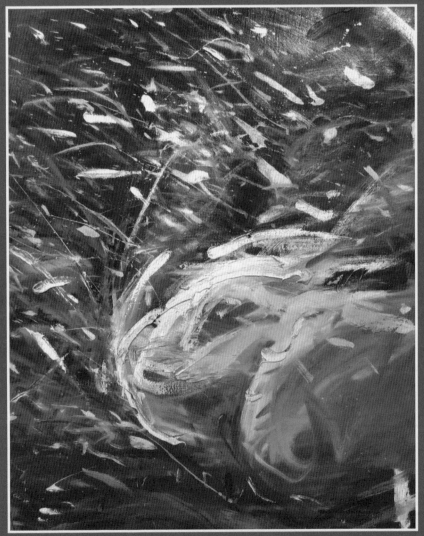

本書內文底圖畫作由作者：陳羅克 提供

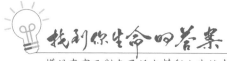
也許這本書就是你要的答案

ONE BOOK TEN LIFE系列書籍，從推出到目前已經是第六本了，一共有60位來自不同領域、不同產業、不同國家的作者群。透過每一本不同的主題設定：態度、勇氣、感動、卓越、改變到答案，藉由作者群的生命故事及人生的經歷，期望讓每一位讀者能有所收獲，進而讓更多人可以「活出更加精彩的人生。」

做為系列書籍的編著統籌人，我深深地相信：每一位作者及每一個人都會有著全然不同的連結！體現出我推動這系列書的核心信念：「每一個人的生命都有讓人啟發或收獲的故事。」當然，也要感謝每一位作者及讀者的支持，正因為有你們才能讓我持續下去… 讓更多人的故事，透過文字的力量去改變及影響更多人的生命，讓我們藉由書來連結起最好的緣份。

或許，正是因為這一本書，是它吸引了你或是你吸引了它！

生命總是有著令人無法相信的魔力，這股偉大的力量正在散發它的「漣漪效應」，正在擴散它的「吸引力的威力！」而此時此刻的你，正在這一股效應之中。也許，是時

候了… 去順從你內在的直覺，去呼應你內在的聲音吧！

　　立即翻開這一本書中的任何一段內容，去沉浸在其中一位作者的故事之中，讓文字的力量帶領你，讓作者的經歷引導你，你正在經歷找出你「當下讓生命更加美好的答案。」敞開心胸去接受書中所帶給你的體驗，用心去感受每一位作者人生的經驗，真心的去把對你有用的建議轉化在自己的身上，這或許就是你所要的答案。

華人出版經紀人
卓天仁

找到你生命的答案

懂得真實面對自己活出精彩人生的十個答案

目錄／Content

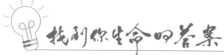
人生七十才開始
「用腳愛台灣」1250公里
的徒步環島之旅

李同榮 吉家網不動產股份有限公司 創辦人

李同榮 個人簡介

● 學歷：
國立政治大學電子化顧問師碩士學程

● 經歷：
吉家網不動產股份有限公司　創辦人
吉家網股份有限公司　董事長
吉聯不動產股份有限公司　董事長
全球不動產流通協會　理事長
中華民國不動產仲介經紀公會全聯會　榮譽理事長
台北市不動產仲介經紀公會全聯會　榮譽理事長
中華民國網路消費協會　榮譽理事長
德霖科技大學　客座　副教授
　3522區東華扶輪社

● 著作：
良心房仲的告白　李同榮房產趨勢關鍵報告

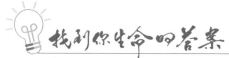

「人生為做一件大事而來」這是我的人生座右銘，直至我今年72歲了，這個信念依舊不變。我人生的前半場，都在事業上度過，如今走到下半場，一個意外的邀約，展開了我一段難得的旅程。

在我年屆退休之際，有位東華扶輪社的社友陳金盈計畫要用徒步環島的方式，為弱勢團體募款，我義氣相挺陪走了兩段，一段是從台北市政府到內壢，徒步走了37.5公里；另一段，則是從台南到高雄。在身無裝備、毫無經驗的情況下，完成兩次的陪走，即便身體痠痛到不行，卻隱約感受到有一股力量在召喚我。尤其在第二次的陪走之後，我想為自己再到找一件有挑戰、有創意的事！

我想看見台灣，我想發現小地方、小人物、感人小故事，或許「用腳愛台灣」就是細細品嚐台灣之美最好的方式。於是，1250公里，一步一腳印的徒步環島之旅，就此展開。

 堅持「走」、完成「目標」　不錯過沿途美好

我的起步，從南部出發。從台南開始前進高雄，然後返家。下週，前往南迴公路，一路走過金崙、知本、台東，這一段我就是全身武裝、有備而去了！為了滑潤腳底，我塗上

眼藥膏，一方面減少磨擦，一方面替小指甲的小傷口消炎。
這兩天的插曲，就是我在台東的金崙溫泉區，巧逢四大部落
豐年祭慶典，備受景仰的頭目坐在舞台高處，我還跟著舞台
下的原住民載歌載舞，現場音樂忽然從傳統歌謠轉為熱門舞
曲，原住民切換舞風毫不費力，全場也跳起扭扭舞，現代與
傳統文化交織，充滿活力、熱情、有趣，感染著我。

　　原住民的生活，就是白天奮力工作，晚上又喝又唱又
舞，而台灣最美的風景，就是這種小地方獨一無二的人文
風情。

　　在年紀、體能和安全的考量下，我的徒步環島之旅，我
不敢高估自己的能力，我每天想的就是：「我要達成每一站
的目標。」例如：我走台中到彰化的這段路，我搭車到烏日
站下車走到彰化，天黑了，我就從彰化返家。可以當天來回
的，我就當天來回；沒辦法當日來回的，像是宜蘭地區、花
東地區、蘇花公路等等，我就分兩段，陸陸續續在三、四天
之內完成。

　　我走的時間常遇到大太陽，不然就是雷陣雨，不論時
間早晚、天氣好壞都是得走，沒有選擇的餘地，如此堅持
「走」下去代表什麼？對我來說，就是「目標」，堅持下
去。

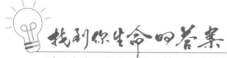

 花東美景巧奪天工的同時，偶爾也得人車爭路

人生沒有順遂，總有波折點綴。

就像最後兩天，走花蓮－崇德－和平這一段30公里的路，我清晨6點半出發，一路先陰後雨，尤其從花蓮經北埔、太魯閣大橋到達崇德隧道，到達號稱最險峻的清水斷崖。此時，恰巧雨過天陰，台灣八景之一的清水斷崖，高1000多公尺，以極近90度的角度緊臨太平洋，一路蜿蜒曲折，綿延20公里，一邊是懸崖峭壁，一邊是茫茫大海，形勢險峻，令人膽顫心驚。我縱觀山水雲霄之情，加上斷崖壯觀之氣，真是另人讚嘆的一場美景饗宴！

後來走到匯德隧道近2公里，則是另一番滋味！

狹窄的人行道，在20分鐘內考驗腦神經，兩腳必須維持走在一條直線上，要閃避水坑、水管、反光燈、大卡車後視鏡、注意爛泥滑行，寸步難行的匯德隧道，猶如一場驚悚的歷險記。連續過了錦文隧道、中仁隧道，這段路都不好走，天黑前必須趕到和平車站，否則山路崎嶇摸黑危險，而天氣又變濕冷，雨開始變大，不得不搭一段便車安全抵達和平車站。

不能給生命時間，但可給時間生命

　　隔天清晨6點從和平出發，但蘇花改這條路不能徒步，只能走舊蘇花公路，我沿途與砂石車爭路。說爭也沒能爭，當然是我一路小心閃避，要趁沒車時逃命式快跑。沒想到在南澳往東澳段，我為了閃避砂石車，不小心踩到路邊青苔而滑倒，全程首度掛彩，所幸只是皮肉傷，小小見紅，並無大礙，我在樹邊稍坐休息，還差一點被蜂咬到，成了記趣。在此途中，我與其他徒友逆向相遇，我們互相鼓勵，對方告訴我他的徒步原因，他說：「過喜歡的生活，老了，不能給生命時間，但可給時間生命。」

　　此時此刻的我，完全明白這樣的心境。

　　盲跑者的生命啟發：我能迎向光明，你一定也行！

　　除了美景、人文，沿途也有些奇遇，讓人明白生命中，其實充滿韌性。

　　徒步環島的第10天，我在新北市的福隆一帶，遇到了一位65歲的盲跑者，他在福隆練跑，準備12月的環島盲跑。他自述自己是個中途失明的人，失明20多年來，因緣際會下，60歲時才接觸到跑步，經過持續不斷的練習，他開始獲得一些成績。

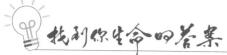
這個成績,不僅對他啟動正面力量,更是鼓舞許多失智的盲人朋友!

一個60歲才開始學跑步的盲人長者,在熱心人士與志工長期的陪伴及幫助下,都可以完成跑步環台,他相信一個人只要抱著希望而且肯努力,目標最後一定可以達成的;他也相信,心裡還活在陰暗中的朋友,只要得到適當的幫助,一定也可以走出陰暗、迎向光明。透過跑步,他身體力行傳遞正面的理念和能量,期許他人也能夠勇敢面對光明、面對挑戰。

明白他的故事之後,我深受感動,60歲才開始做這件大事,真了不起!

永遠想的和別人不一樣!
順境愛搞怪、逆境善求生

每一天,沿途景色和人文都帶給我不同的感動,我全都一一紀錄,這同時,我也是在回顧自己。

我每天都在檢視我自己:「我前一年在做什麼?我一直往前回溯過往,甚至回推至自己孩提時期的我,那時在做什麼?」透過這樣的自我對話,我對自己下了一個結論:「順境愛搞怪、逆境善求生。」

我出生在一個貧困的家庭,父母生了四男兩女,其中一

個天折，每到盥洗時間，一支牙刷是幾個兄弟共用，連洗澡水也是大家輪流用。睡覺時，則是頭對腳、腳對頭，這樣才有足夠的空間睡下一家六口。現在回想起來，那樣的生活環境品質，真是現代人無法想像。

還記得，每到開學前就是爸爸去借錢來繳學費，好不容易還完了又要借錢了。所以，到我退伍後，我就到台北，想爭取好的工作機會。我當時應徵三個工作，第一個是到功學社做調音員，薪資是2800元；第二個是建材行，薪水是2500元至2600元；第三個工作是建設公司，薪水是1200元。

我從小成績好，又喜歡唱歌，歌唱比賽還得過幾個小冠軍，還曾經在歌廳唱歌唱了半年，直到它倒閉。不過，幾經考量之下，我認為音樂是我的興趣，但似乎不適合當事業，最後，我想說建設公司裡可以學習的東西比較多，於是，我選擇最低薪的建設公司。

這，也結下我與房地產的不解之緣。

 ## 幫人創新V.S.自行創業　頓悟進場時機的差異

我一進建設公司，就看見公司的十二金釵，一字排開站好華麗迎賓，驚人的開場氣勢，至今深植腦海。正式上班後，董事長特別助理就來問話，我回答：「我看好房地產未

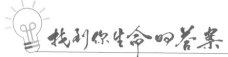
來40年……」我發表言論之後，深獲青睞，我的薪資當場就從1200元變成2200元，瞬間漲了1000元。

下一步，如何讓老闆看到我的努力？

當時有個大廈正在興建，我自願說要去住工寮，於是，我每天都是先去工地才進公司，而建設公司董事長也是三不五時先去工地視察，才進公司，董事長就看我在義務幫忙，對我留下了好印象。每到年底，董事長都會和員工在辦公室來個3分鐘談話，為了這個3分鐘，我足足準備了15小時！

我告訴董事長：「建設公司買了這麼多的材料，如果沒有監管，未來可能發生偷工減料的弊案。尤其公司採購的數量，足以開一間建材行，不如另設建材行，既可以自用，也可以轉賣獲利。」聽我這麼一說，董事長十分認同，委任我在三個月內開設建材行。於是，我在這家建設公司的短短五個月內，加薪3次、調薪5000元！

民國61年，台灣正好通貨膨脹，也是台灣房地產繁榮的時代，建材公司一進貨就賺錢，績效很好。我在公司待了3年，朋友找我創業，我們兩、三個人一起湊了錢，合夥開了建材行，沒想到創業沒多久，竟遇上政府明令採取限價限建措施！其中有兩項是關於房地產的政策，包括「已領執照尚未動工興建者，暫停工」、「建材類之水泥、鋼筋、平板玻

璃，實施限價」。第一次創業，宣告失敗！

踢到鐵板後，我開始檢討我的失敗原因，我發現我賺錢是因為我背後的招牌是建設公司、不是因為我個人；此外，我選錯時機進場，晚了一大步，真是人算不如天算！

能說善道有巧思　重回房地產搶攻天母商圈

失敗沒關係，我覺得我應該要重新再來，於是，我進入馬賽克瓷磚工廠待了5年，從業務專員做到業務副理，一路晉升到鶯歌廠的廠長，那時，我29歲！這麼年輕的廠長要如何指揮老臣？指揮老闆的親戚？又如何經營這間工廠的呢？這是一家三流的工廠，在在都是考驗！

我在這家馬賽克瓷磚工廠的創舉，就是擠下第一流的工廠，將我任職工廠的瓷磚外銷到香港。我對香港客戶說：「香港的特性就是有活力，國民住宅就是要給年輕人住的，所以應該要用亮麗的顏色，來凸顯香港精神！」這個論點直接擊中客戶心理，於是花裡花俏的香港國民住宅，就此誕生。

另外，工廠的另一生產線是陶藝品，當時在台灣有個專門放廚具的器具，叫做「小廚師」，它的外型就是個小廚師的雕像，銷量很好，但是因為它細節很多，尤其上色部分很容易畫歪、出錯，導致生產速度很慢，總是銷售不及。

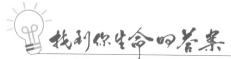

我大刀闊斧直接把所有訂單取消，只做「小廚師」，我堅信熟能生巧，一定可以克服難關。我還制定流程和獎懲規則，「出錯罰錢、上色加錢」，所以怕被罰錢的就會小心出錯的環節，想要多領一點錢的就會仔細上色，認真畫龍點睛，果然出我所料，當大家熟悉竅門之後，越做越精緻，那一年花瓶部門由虧轉盈！

離開磁磚公司之後，我又回到房地產，輾轉進入代銷業，我前四個案子都賺錢，偏偏第五個案子遇到風災虧錢，竟一次把所有賺的錢虧完，我因此轉入企管顧問，「從孫子兵法談行銷」就是我的專業課程。直到民國75年時，景氣復甦，我和房仲公司一拍即合，3年後我在天母設店，我希望自創品牌，區域設定天母、定位高端市場，決心在房地產走出自己的路！

比行銷、玩創意、懂趨勢，永遠創新走在同業前面

台北市的天母，很特別，居民多數是高水準的人，重數據、重人文、重環保，

為了坐穩地方龍頭寶座，社區行銷、節日行銷、公益行銷、環保行銷我們全都做了。舉例來說，我推行環保行銷時，每天找一條街，帶著員工去打掃。我扛著大旗在打掃

時，第一天，就有個外國人搖下車窗，跟我比讚！後來，我去到菜市場，攤販對我拍手，我們還去認養垃圾車，讓垃圾不落地。我要求員工認養一個點或是一部垃圾車，我說：「你幫家庭主婦倒垃圾，幫忙久了，自然有印象。」好的行銷策略，就是好的開發手法！

　　我自認我最特殊的行銷方式是推出「戶外不掛任何看板」的口號，我還把看板集中焚燒，轟動到連新聞都來採訪，創造了議題行銷。這個效果一出去，我的忠誠店就被BB槍射破玻璃，還被同業打電話來抗議。

　　對我來說，「勤能補拙」四個字，是給挫折的業務員用的，那是安慰的代名詞；我的概念不一樣，我會和大品牌做區隔，我不當台灣第一、我當天母第一！

　　大數據分析與e化、行動化、自動化的行銷，我算是房地產業界的先驅。

　　我把天母分為八大商圈，全部照相把資料庫存在電腦裡，再利用製圖軟體建構天母商圈，最後把中古屋當成預售屋的規格來操辦。「即時整編銷售企劃書」，這種銷售自動化的行銷，三十年前我就做到了！

　　關於研發顧客維護CRM這件事情，這套CRM系統在2000年時期，在一場演講會中，我當講師，我告訴同業說：「你

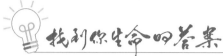
們有沒有想過，如果別人沒做過的事，現在只有20分，而且是未來趨勢，那會是什麼？」，就是e化、行動化行銷，我的思想就是如此跳躍，一直在想別人沒想到的事，就是「創新」。

成為天母第一品牌之後，我打算要擴充，沒想到1996年的兩國論，間接打壓到房價市場，促使我轉型買賣CRM房仲管理系統，我兩天一夜的講座活動，就有200萬的進帳！當重度使用者賣完之後，我就採取租賃。後來，我更進入E化世界！我公司創下第一個使用QR CODE、第一個手機行動看屋、第一個360度環景看屋。後來，我預測總部系統店頭系統遲早會萎縮，我就開始研究經紀人系統，我和四大電信合作推出「行動吉家網」；2000年時，我也是第一個做房地產網站的人，我的概念是B2B。我知道網路盛行，我認為這是趨勢，因此另外提供一個「北區聯誼會」的平台，讓其他房仲品牌把資訊丟上來，期盼資源共享。

當我領悟自己的特質之後，我也發現這是我的天性。

我太太曾對我開玩笑說：「錢，永遠不會在你的口袋裡。」的確，我永遠閒不下來的腦袋，讓我一路走來都是先行者的角色，房仲業賺的錢投到資訊業，資訊業賺的錢投到網路，網路事業看似平坦了，我又開始搞行動辦公。這個行

動辦公原本是預計要有三、五百個人在這個平台，但我現在只有七、八十人。但是這個成功會不會來？我相信終有一日它是會來的。

沒有伴也可以 一個人獨走，享受的是自在

我的第一次徒步，是跟其他社友及各縣市理事長們一起行走了8、9天，其他時候，我通常都是一個人獨走，只不過我到每個地方，總有在地好友出來，陪我走個10公里。如果徒步有伴，或許有人可以聊天，但是要配合彼此的步速不太方便，就好像我跟社友一起徒步時，他的腳步很快，我很擔心自己會拖累他，一路硬跟的結果，不只腳底起水泡、刺破、抹藥，連雙腿都感覺像是快斷了似的。

我喜歡一個人走，因為我從來沒有這麼長的時間，跟自己深度對話。

我常說：「人生為做一件大事而來」，我對房地產的趨勢判斷很少失準，到我房仲業做到被肯定的時候，我想為公會服務。我在台北公會擔任理事長時，做過三件大事：辦國際大會、登上台灣三大高山、節省經費買會所，這些我都達成了。尤其現在會所還賺了一倍，至今讓人津津樂道！

回顧我的前半生，我對於事業的企圖心很強，我想做的

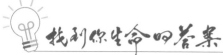
事情一定會完成。我每一次的創新都符合我講的：「我所預見的未來，都會實現。」事實證明，也是如此。這代表我對未來的預估與看法無誤，但夜深人靜時難免偶有感傷、或是安慰。

我一生的規畫都是超前部屬，很多人跟著我後頭走，但他們錢多、資源多，所以成果比較好。但是，整合這件事，卻是我最弱的一環。雖然我能完成自己的目標，卻僅限於單打獨鬥、缺乏整合，我帶領的團隊算是很負責的一群人，可惜的是他們雖然可以跟隨我、卻跟不上我的想法，更遑論超越，尤其在創新能力上，無人接棒。這是我的遺憾！如果我沒有搭上趨勢的列車，或許是我起步太早、或許是我實力還不足，對此，這幾年我都以平常心看待。對於這些事情，我了然於胸，也對很多的結果，態度保持淡然。

在徒步之前，我有一段時間會趁著每天散步時，讓自己跟自己對話，徒步環島之後，我更是有了新的啟發。我想：「台灣這麼漂亮，我還能為它做什麼？」但如果想要貢獻一份心力，事業沒有這麼大的成就的時候，我該如何做？我的心境大大的轉變了。

揮別以往雄心萬丈的事業心，取而代之的，是返璞歸真的鄉土情。

「積極思想」豐富我的人生！
盼創立徒步環島協會

前前後後走了49天走了1250公里，踏遍全台各縣市 鎮、包括極東、極西、極南、極北等四大燈塔；北竿、南竿，我繞了半個島，只差綠島、澎湖我沒有去過。感謝天、感謝朋友們關心，更感謝扶輪社友陳金盈的帶領與指導，讓我平安完成徒步環島行程。

尤其最後一天的氣候變化最大，路最難走，翻山越嶺45公里，創此生最高紀錄！這次徒步環島，不僅是我對自己的身體總體檢，也顯見我對台灣的寸土寸地的珍愛，對生命價值更有體悟。

在徒步中，我發現多數徒步環島的人，有四種類型：學生、喪志、失業、閒人。這類型的人可能原本都有自己獨自的想法，但是經濟條件不一定是好的，尤其在徒步的過程中，不講究投宿環境，多少要忍受一些工寮、廟宇、民宿或是小旅館，而非指定住高級飯店。我認為徒步者要有一些行前認識，才不會糊里糊塗的走，他應該出發前或是旅程中，自己應該要有中心思想和目標：「這次的徒步是要做什麼？要探討什麼？一定要有自己的主軸。」

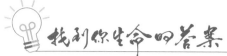
此外，台灣的徒步環境並非友善，如果有機會的話，我想整合一些企業和資源，成立徒步環島協會，來幫助徒步的行者，而這些人的反饋，就是他們的環島時，可以用照片或影片去記錄一些珍貴或特殊時刻的美照，以作為互惠。

第一次徒步環島的之旅，我原本計畫2年內、分段完成，後來變更時程縮短為1年、再縮短為半年、最後縮短為3個半月，越走越有興趣、也越走越有經驗。完成了第一次的壯舉之後，我還想再一次！我希望，第一次的環島有廣度，第二次的環島，要有深度的。

> 天氣好要走、不好也要走；
>
> 路直需要走、路彎也要走；
>
> 上坡必要走、下坡也要走！
>
> 路必有曲折、需披荊斬棘；
>
> 海必有波濤、待乘風破浪；
>
> 生活即如此、人生亦如是！
>
> 俗話說：「人生70才開始。」於我，真是個美好開始！

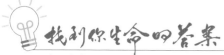
九天步行252公里，從台中走回屏東

徒步返鄉公益圓夢，走過 1/4台灣，領會把握當下

陳嘉祥 田僑仔不動產有限公司 創辦人

陳嘉祥 個人簡介

簡歷

住商不動產-台中五權店 襄理

惠雙房屋-東興店 副理

惠雙房屋-文五旗艦店 經理

住商不動產-惠文圓滿店 經理

群義房屋-惠文圓滿店 協理

單月2百萬經紀人

單月1百萬經紀人 數次

5百萬經紀人（精鷹楷模獎）

群義房屋廣告廣播電台代言人

龍虎榜 精鷹獎 數次

第21屆 金仲獎

2021/4/1~2021/4/9 台中-屏東 全程徒步 圓夢&公益之旅

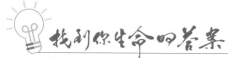

「…怎麼能輕易說要結束，怎麼會讓你抱著我哭，太努力的我們最後用力給祝福，祝福我最愛的能永遠飛翔著…」嘴裡哼唱著歌手周興哲的《怎麼了》，我一個頂著日頭、背著行囊，在這逐漸炎熱的大馬上路獨自走著，陪伴我的，是我的歌聲。頭上汗珠如雨下，內心跟太陽一樣熱血，但是心情卻格外平靜。

就如同這首歌《怎麼了》，很多人都不知道我怎麼了？

徒步返鄉，這是我長久以來的夢想，我一直渴望可以徒步從台中西屯家、走回老家屏東市，卻從未下定決心是什麼時後，眼看40歲了，在這個不惑的年紀，該是開始思考與規劃人生下一階段的時候了。趁著這一趟長距離的徒步，我要放空自己、調整腳步，再重新出發。

 TED演講　300多人前許下心願　下戰帖！

2021年3月27日阿拉斯加電商團參加TED演講~ 剛好我的主題就是「答案」Answer，說著我從屏東來到台中１５年來的打拼奮鬥史，最後以一個公開宣示

來做為結束！嘉祥～台中－屏東，一定成功！

40歲了～人生的下半場～我要透過徒步從台中走回屏東－找到自己！

不是愚人節玩笑　力排眾議堅持徒步圓夢

　　四月一日，一個被朋友視為玩笑的日子，我的「徒步返鄉圓夢計畫」就在愚人節那天展開，但，這不是玩笑，而我也是異常認真的！離鄉背井十五年，一個從屏東到台中打拼的異鄉之子，你可能會覺得我瘋了，是啊！我承認這是個瘋狂的舉動，我只能說人在異鄉時，你才會特別想家，就是一股「Do something」的衝動，我邁出我的第一步。

　　我，要回家。而且~這次我要「走」回家！

　　這個想法一丟出來，最先反對的就是我父母和親戚。從去年底到年初，只要聚餐，他們就會趁機不斷反對我，千篇一律的理由是：「你都快40歲了，你放下公司、你放下妻小，自己這樣走路，萬一怎麼了，兩個小孩怎麼辦？」、「你平常沒運動，又這麼胖，你這樣走不行啦！」、「啊你這樣走，又沒有意義，幹嘛浪費時間？」

　　第一個、也是唯一一個力排眾議的人，就是我的太太，她對我說：「你不要怕，就去試吧！」她還跟我父母說：「嘉祥不是小孩了，他要做就給他去做吧。」我的太太，給了我一顆強力的定心丸！

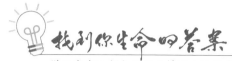

找到你生命的答案
懂得真實面對自己活出精彩人生的十個答案

 戴上天使的翅膀 結合公益 從狂想變壯舉

徒步返鄉這件事情，看似衝動，但從屏東來到台中，在房地產打拼15年了，近幾年來我一直想這樣做，隨著年紀增長，漸漸不再年輕，我覺得我要付諸行動！

我的個性是對的事情一旦決定了、就會想辦法完成，不管有沒有人支持，我就是會做下去。如果家人都不支持，我還是會照計畫進行，但是，有了家人的支持，比孤軍奮戰更讓人覺得安心、無後顧之憂。

出發前，幾個好友陪我加入討論，我本來只是個人圓夢，走自己的路，但有幾個和我一樣瘋狂的朋友，建議說：「既然要走，那就來個轟轟烈烈吧！你全程不能帶錢，要靠募款走完。」還在規劃的同時，發生了一段小插曲，讓我的徒步更有意義。

這天，我參加了朋友父親的告別式，我仔細回想，我周遭很多親朋好友都是因為癌症而離世，因此也觸發了我的動機，我主動聯繫「癌症希望基金會」，希望在徒步的同時，可以幫他們曝光讓社會更多人看見；後來，另一個朋友被我的想法打動，幫我聯繫台中「瑪利亞基金會」，就這樣，這段路不再只是為我自己走，它還承載了更美好的社會價值。

夢想與希望的種子　返鄉向前行更有意義

原本，我最初步的構想，是打算在FB詢問求贊助，不管一百元、兩百元、一千元、兩千元，多少金額都好，我會將每筆贊助金額都記錄下來，結餘款項再捐給「癌症希望基金會」和「瑪利亞基金會」，最後因為擔心失焦而作罷。

幾經考量之後，我決定整趟旅程全部自費，此外，為了避免背包有多餘的重量，我只帶著四套衣服，分別是「癌症希望基金會」、「瑪利亞基金會」、「群義房屋」和「阿拉斯加電商團隊」，沿途中，我輪流穿上這些衣服，背包上還貼著小海報，上面印製QR code，讓民眾可以購買公益團體聯名紀念Ｔ恤。 群義房屋總公司知道我的計劃之後，董事長感動之餘也捐出一萬元、連帶阿拉斯加電商團隊創辦人也捐助2萬元，如此拋磚引玉，讓我萬分感動！

就這樣，我帶著社會意義去徒步，一邊圓夢、一邊募資捐款，沿途做公益宣傳，幫2個基金會做曝光。

整個過程，有非常多的路人，看到我的義舉都直接掃瞄捐款，還有更多的朋友在FB跟LINE看到我的動態後，紛紛主動響應自由樂捐的活動，你知道嗎？人家說臺灣最美的風景就是人，這句話之不錯。台灣人就是熱情又雞婆的個性，

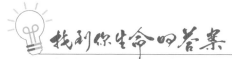
讓我覺得溫暖，一路上～沿途馬路上或是網路上有著非常多人幫我加油打氣，再再都讓我知道我不孤單。

感謝父母的未雨綢繆　離鄉背井事業自己闖

或許你也會覺得我吃飽很閒，沒事幹嘛折磨自己？我也可以買個旅遊行程樂得輕鬆愉快～比較輕鬆！但可能我天生的個性就是比較反骨、有點小叛逆，不想被框架所束縛吧？

這從我小時候的點滴就可以略知一二。

我從小到大都生長在屏東，一直待在南部的庸懶舒適圈，孰悉卻也一成不變，讓我不自覺一直想往外跑。我的母親是客家人，雖然只有國中畢業，不擅言語的她，卻常常跟我分享金玉良言，永遠正向鼓勵！「真正的快樂，是來自心靈的喜悅與飽足。只要懂得放開心胸、正面思考，快樂就會油然而生！」這是她曾對我分享的金句，至今受益良多！

父母對於孩子的人生永遠是未雨綢繆、早有規劃的！

爸媽他們將經年累月攢下的存款，買個房子當作店面承租給別人，在我離開屏東之前，父母曾希望我做麵店、早餐店、綠豆湯、或是旗魚黑輪，舉凡屏東地區有名的小吃，他們自己先學起來，甚至花錢學秘方，只要哪天我要創業，店面加上這些技能也許將來可以派上用場！

但是，當時候年輕人的我哪管這些，我老實地跟父母說我都沒興趣，於是，父親給我建議，喜歡投資股票的他說：「去當證券營業員很不錯，業務相關的行業也很好，說不定以後可以當老闆。」但我自己心中還有其他選項，那就是百貨公司的樓管，或是當業務。

（　我的座右銘 Slogan　）

人生~就像打棒球! 安打多了~ 就會打全壘打!

 ## 投入房仲人生　每日拚15小時
差點被主管請回老家

　　當兵前，我長期在餐飲業做吧台，因此，調酒、咖啡、飲品都是我拿手項目，我以前屏東待的餐廳非常有名－藍色多瑙河，吧檯位置就在迴旋樓梯的中央，因此，常常會有女孩子把目光投注在旋轉樓梯吧台中的我工作，很受矚目也很有優越感。當時，在屏東當吧檯的薪水，大概有兩萬五六，一般服務生只有一萬八多，我原本預計退伍之後，再回去當帥氣的吧檯，即使沒有很多錢也無妨，但後來這個想法，逐漸轉變。

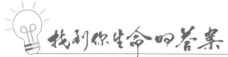
在當兵前，因心想著還有退路可走，所以對未來沒有特別規劃非常不爭氣，後來看到學長們都在為了未來的工作在煩惱，我才逐漸省思。越到退伍前，越明白自己「長大了」，突然領悟打工時期的帥氣，只是年輕的點綴，但若要以此繼續為業，可能無法成家立業。

頓時，我決定做業務！雖說賣車、保險、靈骨塔都是業務，但是，在我眼裡，還是有所區別。汽車比較屬於奢侈品，而非必需品；保險在以前的年代，充滿人情包袱，需要靠緣故關係，人情事故壓力也比較大；比起前面兩種，生前契約的被排斥力最大，因此就沒有考慮！但是賣房子，不會有人用人情來買賣，而且以金額來說，賣房子總價最高，應該非常有機會賺到錢，即使最後沒有成功，我也學到專業知識。下定決心之後，一退伍，我就離開屏東、離開南部舒適圈、中飄前往台中擔任房屋仲介。

進入房仲業，才是我人生蛻變的起步！

以前都是逍遙地過，真的出了社會我卻很認真地活，但沒想到當房仲的前六個月，業績幾乎抱蛋！主管語重心長地對我說：「你也不是不努力，但是你這樣的工作成果，我看你要不要考慮回屏東了？」我一聽，內心百感交集，我每天工作15小時，換來的卻是這樣的結果？我很不甘心！到底哪

裡出了問題？

中年危機彈性疲乏　思索「我還能做什麼？」

　　或許是前半年的經驗累積，接下來的日子，可以說是能量爆棚，我每個月都有成交！一步一腳印的經營之下，這些年來我經手過共計兩百間以上的買賣成交、也超過兩百間以上的租賃成交，越來越得心應手。我從一個雇員，到成為房仲公司的店東－「田僑仔不動產有限公司」創辦人，在同學或親朋好友眼裡，我似乎是五子登科的人生勝利組！擁有小成功！

　　這樣反覆的日子，就這樣一路過了15多年，約莫兩年多前，我被選中當上房仲品牌中區的副會長，董事長和總部協理都來拜會我、恭喜我，期許鼓勵我可以接班下一任會長人選，但是我拒絕了！我覺得不在其位、不謀其職，很多人要我承擔，說我很適合會長一職，面對大家的推舉，我退怯了！因為此時的我，是人生心情最低潮的時刻，當時的我很憂鬱。並非覺得自己日子有什麼過得不好，但我不知道為什麼會陷入：「我什麼都不想要，我不知道要做什麼的人生迷惘！？」

　　突然間～我的人生，默默地走進死胡同裡，我自己卻沒有發現。原來，我在不知不覺中，彈性疲乏了！

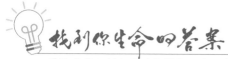

 ## 太太、同行朋友和電影 讓我重啟人生的三帖解藥

在房仲圈相當競爭，僧多粥少的情況下，我自己要扛住公司業務競爭力，還要開導同仁夥伴，過去的我都用無限的正能量去開導，但我萬萬沒想到，能量不但有用盡的一天，還會被反噬，「疲乏」「過度責任感」和「只有正能量」，漸漸侵蝕我的身心，讓我疲倦憂鬱了好長一段時間！直到陸續出現的「三帖解藥」，我才又活了過來！

第一帖解藥，就是我的太太！

她是第一個發現我有異狀的，非常感謝太太！她是第一個察覺到我的無力感、我的強顏歡笑，我的假裝一切都沒有什麼不同，太太發現後對我說：「老公～你生病了！你需要放長假好好休息，少賺一點沒關係，我們餓不死！重點是你要找回你自己！」但是一開始的我怎麼敢放下公司？這可是長年累月打拼出來的事業，我害怕的是放手的話，公司怎麼辦？同事怎麼辦？客戶怎麼辦？當時的我，才慢慢開始學習「放寬心」三個字。

第二帖解藥，是我的房仲同行。

有一天，我看到我的同行，他身高比我高大概183公分，體重卻瘦到不到60公斤，他毫不隱晦地說：「因為….我現

在真的很慘！」一個大男人要可以如此吐實地說口，是多麼的不容易！你做得到嗎？我想我做不到？那個身影，讓我震驚，永遠記得！沒有比較、沒有傷害，我突然發現，看看人家，我還有什麼好不開心的？我應該要好好珍惜我的生活。

第三帖解藥，是一部電影。

由Lady Gaga所主演的《一個巨星的誕生》，電影評語裡頭有一段話，讓我得到救贖。她說：「堅強不是要你不會痛，而是學會感受、理解，並且接受痛苦的人，才是真正的堅強。」這段話，讓我明白人不能只有正能量、害怕負能量，人生本質就是充滿了七情六慾，我不應該對自己太過苛求，導致自己無法平衡。我透過這部電影，我才知道說我不是要學著不會痛，而是要學會接受痛；不用裝作負面情緒都不會影響我，而是學習接受它，與它共處。如果你像我一樣，時刻靠燃燒「正能量」這樣撐著，總有一天，你會被耗盡。

從前，我都把老天爺給我的逆境，當成是功課，只准報喜、不准報憂，只許笑、不許哭。好險，老天是疼惜憨人的，當祂關了你一扇門，定會為你開一扇窗，祂讓你明白，一個人會有喜怒哀樂、酸甜苦辣的複雜情緒，當你可以擁抱它、平衡它，才能成就你真實的人生。

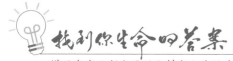

懂得真實面對自己活出精彩人生的十個答案

> ## 我的座右銘
>
> 天再黑~ 都會有道光灑進來~

 ## 人生的下半場 從「突破框架」開始做起

　　40歲以前，我思考我的人生上半場；40歲以後，我在思考我的人生下半場！徒步的過程中，我開始「突破人生」「突破框架」！

　　我身高將近180公分，去年八、九月時的體重是105公斤，現在大約是92公斤左右，以我的體形來說，不算輕盈！此外，我的右膝蓋因曾經出車禍韌帶斷裂，雖不影響日常生活，但也不能劇烈運動，長時間步行對一個平常沒在運動的人來說，的確是一種考驗，也難怪一開始家人都想打消我的念頭。

　　我可以開車、坐車、騎機車回屏東、或是騎自行車挑戰，但是我選擇徒步，因為，我要突破的是我體能的框架、我心理的框架、更或是人生的框架！

　　若你問我說，這趟路什麼是必備的？

　　心理上，我會告訴你是內心的夢想跟渴望，實際徒步一路上我會告訴你是備用醫藥品、綁小腿和拐杖傘，是我這趟旅程的良伴！

拐杖傘，我覺得很必要，第一、遇上下雨可以用；第二、遇到野狗，可以護身；第三、走進長草堆，可以打草驚蛇，用來防身。

　　我印象很深刻地是，路上遇到野狗，牠看你一個人走，原本只有三、四隻對我吠，突然就十幾隻野狗就衝出來了，太突然的瞬間，我愣住了，雖然我非常喜歡狗，但那根拐杖傘讓我更有安全感。尤其，跟著手機導航，難免走到荒煙蔓草區，荒廢之處全是雜草，比我還高，風一吹就是沙沙的聲音，那聲音更顯荒涼，讓我難免擔心草裡有蛇，靠著拐杖傘一路「打草驚蛇」，甚至穿越墳墓區，手裡有著它，還真有同袍般安全感上的革命情感。

　　出發時，我設定每天花10到12小時走20幾公里，沒想到我真正走完時，卻是每天大概30公里！這九天，總有不小心走進荒草、或進去樹林區，或是突然走到沒路了，逼得我回頭，就如同人生中總會發生一些差曲，雖然失算卻也增添意外驚喜。

 如行軍操體能　每天都有不的新感受

　　這樣徒步地走，第二天就起水泡，第三天就五顆水泡，其中四顆長在腳趾頭上，第五顆卻長在大拇指的關節處。原

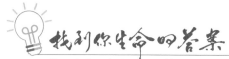

本那四顆水泡長在腳趾頭，我可以用腳跟到腳掌走路，不完全妨礙；但是在關節處的水泡，會影響步行，我決定弄破它消毒擦藥來緊急處理，真的很痛！我用備用醫藥品－厚ＯＫ蹦，墊紗布，穿兩隻襪子。繼續前進踏上我要完成的夢想！

前三天身體很累，第四天到第六天，體能卻出奇地好，我甚至覺得自己一天走30幾公里，也沒有問題！

於是，到了第六天，我想說我身體狀況奇佳，我開心大意地撤下小腿的綁腿，還全程背著背包，全程都沒放下來，如此肆意妄為囂張地挑戰32公里，到了晚上洗澡完休息的時候，整個小腿奇痛無比，肌腱真的發炎、拉傷了！我這才意識到太過自信疏忽的下場，行李該背就背、該拖就拖，該綁小腿就綁小腿，該有的防範跟小細節，千萬要注意，不能逞一時之強。

第七天，只有「痛苦感」三個字可以形容！我原以為第一天踏出第一步，是很痛苦的，但其實以後的每一天的第一步，都很痛。但說也奇妙，身體會去適應，你應該很難想像吧？

到了第八天，我找到一間民宿，房間在五樓、沒有電梯！「我每天都已經走３０幾公里了、腳很痛，omg！還要爬五層樓？」為此，我很猶豫到底要不要退訂，於是跟民宿老闆商量，結果老闆對我公益徒步做愛心很感動～因此給了

我一些折扣優惠～讓我感動之餘～也是欣然接受了。哈哈～這真是個有趣又可愛的經驗！

到了第九天，說穿了～腿更痛了，其實就是自己身體已經在受傷狀態裡了，最後與其說是靠著意志力，更是可以說是對於想完成夢想的渴望！以及享受過程～享受最後一段路！

整個過程～我相信，我保持身體健康、不陷入危險，完成徒步返鄉的計畫，只是時間的問題。在我步行的過程，身體很痛、很累，每天的身體狀況都是一種新的感受，但是內心卻是滿足、開心、平靜！要同時「突破體能框架」並且「維持心理平靜」，兩者如此的衝突感，對我而言卻是意外的和諧，更是一種享受，我享受這路上的一切，連所有的痛楚也都是一種享受！

人生的選擇不難　未來的精彩就從把握當下開始

我每天用FB微紀錄每天的徒步，原來，真的有許多朋友默默關注我，幫我加油。很多以前沒聯絡的人，開始跟我聯絡了。

印象中～情緒很激動很深刻地是第五天，朋友留言說，她曾經騎車環島過，非常明白這當中的心境，她說：「我的心跟著你一起去旅行。」我頓時明白什麼叫做「以生命影響

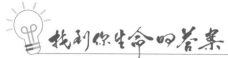
生命」，不是因為自己做了什麼多厲害的事、也不是說了什麼很華麗的話，但有時最簡單平凡的事情，身體力行，因為真心，所以動人！

更讓我驚喜的是第九天，有個朋友真的跑來加入我的行列！

很多人都只是嘴裡說說，說要一起走那麼一段路，但是大家都不敢、或是有包袱而沒有做。有個朋友猶豫了八天，發現我要結束旅途了，她卻還看著我的FB動態原地踏步，猶豫不決下打電話給自己的姊姊：她擔心沒找到我，白費車票錢；擔心自己走得慢，拖累我的行程。她姊姊聽完後直接暖心的說：「出發吧！就當作投資自己，只要妳找到自己的價值，就值得了！」於是最後，她強迫自己要有所行動！打電話給我太太報備後，毅然決然搭上高鐵衝到高雄跟我走了這最後高雄到屏東的一段路！

就是「出發吧！」這三個字，人就是要把握今天、把握當下，當你有了行動，踏出第一步之後，一切就會不同。

我的座右銘

只要是正確的事情~ 當你真心的想要~

全世界都會幫你！

這趟徒步公益圓夢之旅～我整整走了9天，共計252公里，走了1/4個台灣！我想趁還算年輕的時候，靠著自己的雙腳，走一遭。我不管有沒有贊助，我就出發了。當我走過高屏大橋的美景進一步走到家門口的時候，這趟回家的路我走了35萬4402步，消耗2萬945大卡，瘦了整整3公斤！

我每天都有貼文記錄這點滴，我感恩所有的一切，成功圓夢也要歸功我的家人。更是感謝太太幫我力排眾議，放手讓我完成圓夢，我感恩！

整個過程我深感～人生有3件事情不能等：

孝順父母、陪伴家人的時間不能等！

投資自己、完成夢想的機會不能等！

服務社會、回饋社會的公益不能等！

你希望你人生的選擇題，未來該有多麼精彩？不用多想，就從今天開始行動吧！

四百人面前謝母恩　獲選金仲獎　徒步圓夢的意外驚喜

沉澱、出發，選擇一個改變人生的旅行，它如同蝴蝶效應一般，在我生命起了連鎖反應。

四月一日出發時，很多朋友問說：「你是要還願嗎？吃飽太閒嗎？你是發瘋嗎？我最喜歡別人問我是不是瘋了？因為我一定是做了一個瘋狂的行為，人家才會這樣一直問。

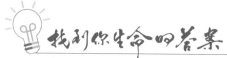
也就是這個「瘋狂」，讓我受到矚目！

原本，我自己本來沒有太大的感受，直到 5 月份的母親節餐會，再加上入選金仲獎，這個感受才真的深切了起來。

在阿拉斯加電商團隊舉辦的母親節餐會裡，時間點在新冠疫情嚴重前，我有幸受邀上台分享「日徒行者」的徒步故事，接著是當著四百多人的面前，邀請我的母親上台，深情告白~感恩媽媽~真心懺悔~並替媽媽洗腳，我們都非常的感動！對我來說是很重要的時刻，媽媽就是養成我正能量的心靈導師！

接著五月六日，我入選房仲界的奧斯卡獎－金仲獎，何德何能，何等殊榮。

剛出社會時，為了符合社會期待，我穿著西裝筆挺、西裝頭、當個乖乖牌，到了近40歲，我才找到真正的自我，於是，我開始蓄髮留成長髮。這個長髮，果然也在金仲獎面試時，成為面試評審的考題之一：要我說明給評審了解，長髮的形象帶給我的是好或有什麼想法？

我答到：我相信人性本善也相信吸引力法則，第一印象固然重要，更重要的是對事業的專業和熱忱，因此我相信透過我真心誠意專業的服務解說，客戶一定能接受、喜歡我並對我留下更深刻的印象以及記憶點，因此這部分，對我是加

分的！

從評審的眼神以及肢體動作裡，我感受到了 感同深受的肯定！

> ### 我的座右銘
>
> 出發！Just do it！做就對了！

身體力行的日徒行者 堅持就會看見真正的答案

我是很相信命運的人，不知道你是否一樣？一切都是最美好的安排！

整個過程～前因後果～我不是為了要選金仲獎、也不是為了母親節餐會演講，徒步返鄉～就是為了公益跟圓夢！但它的效應，突然讓我上台演講、突然有機會在台上幫媽媽洗腳謝恩、有機會說自己的故事，突然得獎，這些都是非我預設、甚至始料未及。

我在經過一連串事情之後，感受持續發酵！人生有太多的未知數，有時候你的起心動念，不是為了什麼才踏出去，而是在踏出去之後，再加上一份「堅持」，卻能讓你意外找人生的價值和答案，更能細細品嘗！

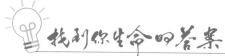

戰爭遺孤中的一線曙光
用繪畫療癒難民兒童

陳羅克 旅德藝術家／藝術關懷無國界NGO 創辦人

陳羅克 個人簡介

- **1957年**生

- **1975-1978年**，隨梁丹丰與鄧國清老師學習素描與水彩。

- **1978年**，隨劉煜、陳景容、吳炫三等老師學習素描、水彩、油畫。
  畢業於國立台灣藝術專科學校（今國立台灣藝術大學）美術科西畫組。

- **1980-1985年**，在臺北市侯平治設計師事務所、優士設計及漢光文化事業，從事室內設計與展示設計工作。

- **1985年**，保送進入德國烏伯塔爾綜合大學藝術設計學院工業設計系深造。

- **1995年**，榮登全球傑出華人藝術家大典。

- **1990-1995**，擔任德國烏伯塔爾大學設計暨藝術學院客座教授，教授人體、人像素描，透視與都市風景，繪畫等。

- **1997年**，獲得德國工業設計碩士學位

- **2010年**，榮譽載入「台灣百大現代藝術家」

- **2006年**起在台舉辦台灣藝術公益100個展並開始投身於以藝術關懷弱勢兒童的公益活動。

- **2014年**，應邀參與阿根廷「布宜諾斯艾利斯國際現代藝術雙年展」並榮獲繪畫類銀牌獎。應邀參加阿根廷「世界的盡頭烏蘇懷亞藝術雙年展」。
  進駐阿 根廷銀海市工作室從事創作。並實地以藝術關懷阿根廷貧困地區的學童。

- **2016年**，在德國發起「藝術公益無國界- Art Charity Without Borders」並在希臘、塞普路斯進行關懷中東難民兒童的公益活動。

- **2018年**，於台灣正式創立「藝術關懷無國界」非政府組織。 2020年起在台灣及台北各單位以及偏鄉舉辦藝術關懷無國界演講，並帶領藝術關懷無國界 NGO 成員，以藝術創作關懷台灣地區的弱勢孩童。

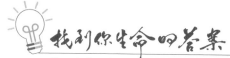
2016年的5月，我希臘學生及友人的協助下來到了聯合國在希臘夏可洛的難民營，兩百五十多名來自敘利亞和伊拉克的難民，正在此處棲身。擁擠、悶熱、灰暗的氛圍圍繞著他們，彷彿是心中寫照，沉重地令旁人難以喘息。

穩定了心中錯綜的情緒，此時的我，正是第一次以「藝術公益無國界」發起人與藝術家的身份，前往難民營關懷弱勢兒童。我和學生、志工一行十來人帶著在當地募來的顏料、畫具，和80多位難民孩童，展開了短短的藝術之旅。以自畫像「我是我」為主題，孩子開始塗鴉，在簡陋、克難的環境下，這兩小時，孩子們似乎忘卻了戰爭的殘忍、顛沛流離的苦楚、無家可歸的遺憾，他們緊握著手中的畫筆，盡情揮灑，藉著這股力量釋放悲痛，我看見孩子的臉，逐漸綻放笑容，如此燦爛！

看著這些稚嫩的笑臉，觸動我的內心，因為，藝術從小在我血液，它的能量之大，我最是清楚。

從小愛繪畫　從畫筆中得到快樂泉源

在我正式踏入藝術創作工作之前，學業的養成是在臺灣，藝術對我來說，就像是基因一般，從我有記憶以來我就喜歡畫畫，在還沒想要成為藝術家之前，藝術就是我心靈的

養分。我從小就會去參加一些比賽、也得了一些獎，就讀復興高中的時候參加美術社，這時期的我，才算是真正開始接觸藝術。

高中到藝專之間，我去了梁丹丰老師的私人畫室學習，她是我的啟蒙老師，在中和的畫室學素描、水彩等繪畫基礎，高中的美術老師也對我非常的照顧，讓我在課餘時到她家練習，師丈是鄧國清老師是幹校出身的藝術家，在台灣藝壇也是相當有名。

到了藝專以後就進入美術科的西畫組，在這環境的薰陶，其中，陳景容及劉煜老師教我素描、吳炫三老師教我油畫，他們都是臺灣藝術界知名的老師。換句話說，我對於色彩及造型運用的基礎都是在臺灣養成的，感謝這些老師們為我紮下根基。

藝專畢業後在金門服役期間也曾獲得多項大獎。退伍後在三個不同的室內設計公司工作，其中一個就是侯平治室內設計工作，他是台灣室內設計的大老級人物；接著在漢光文化事業公司從事了三年的室內設計與展示設計，當時很多外貿協會的展覽都是由我設計完成的。

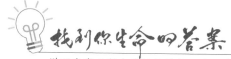

難敵生活壓力焚獎狀　發洩對純藝術的灰心

室內設計的生活十分忙碌，都是在工作，而這五年來幾乎沒有碰過純藝術，我也因此幾乎斷了對藝術創作的念頭；再加上現實生活的需要，我一度打算要走應用藝術，繼續做室內設計維生。

這五年內，我只有一次動筆作畫、參加特展！那時候，應國父紀念館之邀，受邀對象是全國大專時期曾經得過國父紀念館比賽前三名者，這也是我退伍五年後所畫的第一張屬於自己的水彩畫。

我在高中、大學時期時常參賽、獲獎，得過台北市的第二名、大專院校第二名、藝專校內的第一名，當時的獎項對我而言，如同浮雲，我不想被這些虛名綁架，有一天，我下了決心將所有的獎狀全燒掉了！

那一刻，我似乎覺得自己做對了什麼，也似乎得到了某種喘息……

溫飽與專業並進　修德語專攻工業設計

從事展示設計的工作，其實是很高壓、緊張的，我覺得人生不應該是這樣過的，因此除了正職工作之外，我還得找

時間學外語。當時，我每天利用午休時間到徐州路的要教育部的語言中心去學德文；另外，下班後一周兩次去當時位於忠孝西路的德國文化中心學德文。

你一定覺得奇怪，怎麼沒學英文，卻是選擇生冷的德文？

的確，以當時臺灣的風氣來說，多數人是學英文居多，學德文確實是少數而且陌生，大概是因為那時候認識了一個德國女友，遍開啟了我的德語之路。身為藝術家有點浪漫因子是正常的，但除此之外，歐洲豐厚的藝術文化也向來就比較吸引我，再加上我從事室內設計，又一直被朋友鼓勵前往歐洲學習，因此，我放棄前往美國的公費留學考試，努力朝德國的方向前進。

我當時心想：「如果去德國，我要學習他們的工業設計，因為要學就要學他們最好的！」於是我支身飛往德國唸工業設計。

你一定覺得很奇怪，怎麼沒以純藝術為優先，還更偏離？

我從小學的是純然的藝術，等到工作時為了謀生我踏入室內設計的領域，整整五年的我因為幾乎沒有再提畫筆，因而對於純藝術已是失去了信心，這也因此開啟我對工業藝術的學習動機。在職場工作時，我一直在室內設計、展示設計領域裡，進修學習工業設計才能夠銜接得上。當時的我，就

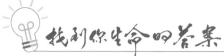
是如此盤算著。

　　生活中，我接受了現實，想像康莊大道；但實際上，純藝術的基因依舊潛藏在我體內，在我血液裡蠢蠢欲動，從未停止。

 保送德國攻讀學位　人在異鄉靠繪畫療癒自己

　　1985年，我以優異術科成績免試保送進入德國烏伯塔爾綜合大學－藝術設計學院工業設計系深造。但實際上，當年要出國唸書並沒有這麼容易！當時的臺灣處在在戒嚴時期，臺灣學生要先通過語言考試，才能拿到學生護照；到了德國，所有外國學生都得通過德國大學PNDS的入學考試，當時有筆試和口試，通過之後才能在當地唸書。因為我在臺灣學的領域不同，因此，我在德國攻讀工業設計系，還得從大一從頭唸，1992年學士學位畢業，1997年碩士畢業。畢業之後，就一直留在德國工作。

　　工作的時候摸不到畫筆，反而在異鄉唸書時，一直從事藝術，人生就是這麼難以捉摸。這時候，藝術之於我，就是一個心靈的出口。

　　在台灣工作的時候，忙到沒有機會接觸藝術，甚至幾乎死心；反而是到了德國，一個人在異鄉，人生地不熟，初期

德語也還不純熟，當時我對自己特別嚴苛，為了避免自己依賴母語，我特地避開華人學生較多的大學宿舍，找的校外宿舍裡頭住的全是德國人，我每天只能自己跟自己相處，藝術成了我的寄託、紓解我內心的寂寥，靜物、人體、風景都是我畫作的題材。

是學生也是老師　學習與創作雙軌並進

拿到學位以後，我又在人生十字路口徘徊，我得在工業設計還有繪畫之間做出選擇。在德國留學的同時，我在各地展覽我的畫作，也得到不少認可，很多藝廊紛紛希望我去展覽，我深知在工業設計之間與純藝術之間，因為工作和創作都需要投入大量的時間、精力和腦力，根本無法並存。

幾經思慮之後，我想：「人生就這麼一回，我應該忠實我自己。」於是，繞了一大圈，我又回到創作之路，專心從事教學和純藝術創作。

我在德國烏伯塔爾綜合大學求學時，正值學校的人體素描課教授出缺，主任教授非常認可我的繪畫實力，於是我開始在德國烏伯塔爾大學設計暨藝術學院擔任客座教授，教授人體、人像素描，透視與都市風景，繪畫…等等。這時的我，既是工業設計系的學生也是藝術系的教授，如此的雙重

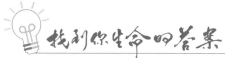
身分,創了先例!甚至,原本教授合約一簽五年,後來還因為學生連署,校方多留了我兩年。

在德國的我,非常忙,多重的身分、多元的生活,我還靠著寒暑假在工廠打工,隨後教太極拳來補貼生活所需。你是不是以為向我學習太極拳的一定都是外國人?不,我的第一批太極學生還是中國學生呢!我們清晨起床打拳,在學校附近的網球場練拳,我也因此結交不少學生和好友。沒想到這段緣份也成為我未來行善的重要助力。

響應德國 發起「我是我」關懷難民兒童自畫運動

一九九六年後,我一直都在德國的石雕協會藝術訓練營帶領創作,迄今培訓至少上百位德國專業石雕師傅及石雕藝術家。直到二〇一六年二月,我在石雕藝術總會辦的藝術營中對著學生演講,我認為我們應該要響應德國接受難民的政策,我們應該要一起關懷難民兒童,當時,我還把阿根廷窮鄉小孩和臺灣失親兒的自畫像,當成範本在現場展示,我想證明藝術的療癒能力是可以無國界的。我自己曾經透過藝術抒發內心的寂寥,我相信藝術也可以撫慰心靈受創的兒童,沒想到我的話一說完立即得到現場一片支持和響應,他們甚至隨即自發性的成立工作小組,一位來自義大利的老師也設

計了LOGO、印好海報、遍地開花。

　　於是，二〇一六年二月，「我是我」的自畫像以藝術關懷難民孩童的運動就這樣展開了。

　　我和來自各地的石雕學生在德國當地的的收容所，帶領難民兒童創作自畫像。在難民營裡，我發現可以被德國接受的小朋友，本質很好，雖然我們和難民兒童沒辦法用語言溝通，因為他們使用波斯語或是阿拉伯語等語系，我們根本聽不懂。但是藝術就是這　奇妙，在無言中將我們與難民孩子們連結在一起。

　　三月到五月在德國的難民收容所，帶著孩子作畫、收集作品；當繪畫結束時，這些難民兒童擁抱我們的時候，那份感動，完全超越言語形容，這更加深我堅持下去的動力！我也因此受到感召，我認為我應該要前往特別需要關懷位於第一線的難民營，因此，我在五月中及六月初兩度前往聯合國在希臘卡瓦拉市的夏可洛難民營。

 以藝術投身公益 隻身前進希臘難民營

　　很也許是因緣具足，正巧我的一個體育老師的太極拳學生－艾咪，她就住在希臘夏可洛難民營的附近，艾咪從德國回來後自己成立一個太極拳團體，我一方面受邀去教太極

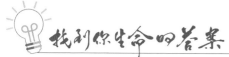

拳，另一方面他們跟著我進入聯合國難民營，協助我帶著孩子創作。

這藝術關懷難民孩童的活動，德國石雕協會有提供部份贊助，旅費等就自掏腰包，同時與學生在希臘當地的顏料工廠、文具行老闆也有募捐到材料，更有藝術家朋友捐出了畫筆。這些感人的點滴，我都充滿感謝，銘記在心。

六月底，我們在德國科隆火車站大廳、日耳曼羅馬博物館前，陸續展覽德國難民兒童的創作。後來，我深深覺得希臘的難民兒童，尤其需要照顧，就在展覽結束第二天，我又再飛去希臘。

我帶著兩大包糖果以及一箱由台灣駐德代表處所轉贈的DIY 燈籠，租車前往，軍哨友善地讓我進入難民營區。這裡有聯合國衛生署醫療卡車，就停在山壁旁邊，接著映入我眼簾的是山坡上的一塊平地，滿滿的印有UNHCR字樣的水綠色帳篷，大約有五十多個，集結在此。

你千萬別當這裡有露營般的愜意，因為所有的東西都是臨時搭建，堪用即可！

 一個好覺一頓飽餐 顛沛流離下的一絲幸福

五十多頂帳篷要容納兩百多名難民，卻只有三個淋浴

間，幾個流動廁所……擁擠足以想見；像是洗手、洗菜的洗滌區域，用過的水就直接在地面上排出，順著地勢朝低窪區域淤積，於是，陣陣惡臭隨時撲鼻過來。

在這困頓的日子裡，營區裡的一棵無花果樹，它的樹蔭便是大家休憩納涼的唯一去處。還有一個令他們安慰的，就是食物。難民們每日傍晚向聯合國難民署領取封裝好的冷食，雖然營區規定不得生火，但軍方也是有同情心的，在默許的情況下，難民會在帳篷旁邊生火煮食，每當用餐時刻，這一路的炊煙裊裊，就好像他們心中的希望，冉冉升起，再難吃的食物也會是美味佳肴，安慰他們的心。

我看到難民小孩，看到他們的無辜、無助、無奈，他們對未來的迷茫、不知何去何從，他們是因為戰爭而被迫逃離家園、流落異鄉。帳篷裡，住著一對父母加上六個小孩，一張床睡上八個人，都不足為奇。一頓簡單的食物，家人能在一起，對他們來說，已是一種奢侈。

孩子看到我回來了，知道又可以畫畫了，他們開心地朝我湧過來，我和他們一樣雀躍。在難民兒童自畫像中，每張畫有著不同的面貌，有的缺手、有的哭泣、有的眼神茫然呆滯、有的只剩下半張臉。這些畫直接反映這些孩童心理的陰影，但我能伸出援手的，就讓孩子們接觸到畫筆，讓作畫的

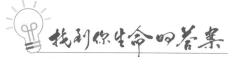
當下是一種開心或是一種紓解，無論如何，我都希望他們快樂，並且忘記傷痛。

在那一瞬間，你會想起，自己是幸福的。

二〇一七年六月我又去敘利亞的外島塞普勒斯的難民營，這回只有一個石雕學生陪著我去，從下榻的住所到難民營，開車來回要80分鐘。當地敘利亞籍的藝術家志工－阿迪，很有心的還幫我召集兩位志工人手，我們總共五個人在科菲諾難民營辦了三次的活動。

「我是我」這個活動，發起之後，也很快地獲得國際朋友支持與響應，陸續在德國八個城市、希臘兩個城市還有敘利亞外島的賽普勒斯持續，參與繪畫的孩童高達數百位。

勿以善小而不為 一個微小善意也能激起漣漪

因為藝術的緣故，我在世界遊走，所到之處，總能拓展我的視野。

從1990年開始，我的畫風以結合人體風景為主題。1993年以後我陸續前往北挪威藝術之家創作，而我在德國獲得緬因茲藝術展覽獎，得獎的作品就是北挪威的人體風景創作。1996年我在台中國立美術館舉辦個展；1997我前往北挪威擔任客座教授；2000年我在加拿大蒙特利爾工作室創作；

2002年我在台北市立美術館舉辦個展。2014年【禪風】畫作榮獲阿根廷「國際現代藝術雙年展」繪畫類銀牌獎、畫作【間】獲選參與第四屆阿根廷「世界的盡頭銀海市藝術雙年展」。2019年在羅馬當代藝術館舉行兩場次的即興創作與展覽。同年並首次在美國紐約舉辦個展。

在世界上獲獎，讓我在國際藝壇上被肯定，更讓我和家鄉重啟熱切的互動。

旅德十年，我才終於回到臺灣國美館舉辦個展，接著又在北美館展出。因為北美館的關係，我和臺灣藝術界有了更多的往來，對我而言，這是很重要的分界。從2006年起的「台灣藝術公益一○○」，到2014/2015年關懷阿根廷貧困兒童，2016年開啟的「我是我」一系列國際藝術關懷與關懷台灣失親兒的活動，以及2020／2021台北關愛之家、斗南一心育幼院、台北啟聰學校－「藝術關懷聾童」等，一直到現在關懷弱勢兒童的念想，依舊持續不斷。

在台創立藝術關懷無國界NGO　關懷弱勢兒童

2020年，我因為疫情返台，同年，我就和社大的學生一同前往「關愛之家」，關懷外來移工在臺灣所生下的弱勢兒童，這些孩子們在臺灣沒有國籍，有的缺乏照顧、有的慘遭

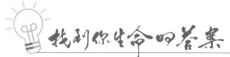

棄養。

5月份，我成立NGO藝術關懷無國界，然後我就帶著協會成員去南港的關愛之家，希望從繪畫活動，讓小朋友獲得快樂。

不知不覺地，關懷弱勢兒童，成為我的使命！

小朋友是我們的未來，兒童時期過的快樂，他的未來才會快樂。小朋友可以藉著藝術，紓解心靈上的問題，這個比起心理諮商還要來的直接、有效，當小朋友透過心理諮商，等到可以解釋他到底發生什麼問題的時候，其實都已經很晚，甚至可能來不及了！

我用最簡單的方式呈現給小朋友，也讓他們用最直接的方式表達。

在關愛的當下，我只認為我應該做、持續做，我沒有目的，我很純粹地就想幫他們些什麼。我的心境也只是分享、不是可憐、更遑論什麼藝術治療，我的起心動念就是幫助他們從塗鴉時，回想並重新拾起最初的快樂。

自在地揮灑色彩　從藝術發現自己最初的快樂

近10年來，我以藝術投身公益，走訪阿根廷、德國、希臘等世界各地，關懷弱勢與難民兒童，以行動投身藝術教育

與關懷也獲得國際支持。

在我眼裡，藝術家本來就是心思比較細膩、情緒比較容易被激盪的，在德國求學和工作時間，藝術就是我的寄託，我親身經歷過那一段，我相信藝術也可以帶給孩子們紓解心靈的力量。

我在今年四月份，前往斗南的一心育幼院，裡頭收養的小孩都是曾經遭受家暴的孩子，他們都很可愛，但是心靈都受到創傷。我相信繪畫可以像是一顆種子，種在他們內心深處，可以幫助他們找到最原始的快樂。

沒有框架反璞歸真 頓悟藝術的真諦

在幫助這些弱勢兒童、找到快樂的同時，我也從中得到了撫慰。每一次看到他們的笑容，我也覺得快樂，心都跟著亮了起來。

這些孩子給你的回饋也是很直接的，他們會開心地直接給你一個大大的擁抱，抱著我們的時候，都抱的好緊啊！你完全可以感受那顆心、那份喜悅，都不希望你離開的那種感覺，當下的感動讓我覺得我的付出很值得，那都是金錢無法比擬的。

藝術創作方面，我看著孩子在創作的時候，他們沒有經

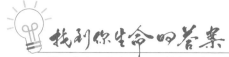

過任何思考，他們拿著筆就畫、拿著筆就畫，這給我很大的衝擊！其實，所有的藝術家最希望的就是像他們這樣！沒有框架地反璞歸真，回到最原始的狀態。

　　孩子不需要教，但是拿到筆，他就會塗鴉。當他們看到畫筆，你不用教他們如何勾勒線條，他們已經迫不急待想要動筆畫了，你根本不用刻意教，他們自然就會揮灑。

　　身為藝術創作者，即使外頭學了這麼多，什麼基礎、什麼技巧、什麼觀念，最終，都應該要放下，都要忘記，都應該追隨自己的心，像孩子這樣，擺脫束縛、直接創作！

　　當我每次面對畫布，不知道該如何下筆的時候，我就會想到這些孩子作畫時的模樣，不講基礎、不講技巧、不講觀念，在繪畫的當下，讓它自然發生。繪畫不應該是被計畫好才下筆，那都是做作，應該是在繪畫的當下，隨著心的變化跟著舞動畫筆。

　　是啊！我明白了，這就是孩子們給我最大的禮物和最好的答案。

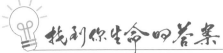
十年磨一劍，
捨「世界四大」光環
自創會計師事務所

張景榮 楊基聯合會計師事務所

張景榮 個人簡介

學歷：
逢甲大學會計學研究所 碩士
東海大學會計系 學士

專業資格：
中華民國會計師高考及格
中華無形資產暨企業評價協會企業 評價師
中華無形資產暨企業評價協會無形資產 評價師
中華民國會計師公會鑑識會計專業訓練及格
財政部稅務代理人
教育部頒講師
內政部移民署移民專業人員考試合格

經歷：
中華民國會計師公會全國聯合會企業評價暨鑑識會計委員會 委員
台北市會計師公會會計審計委員會 委員
台北市政府商業處及新北市政府經濟發展局諮詢 會計師
經濟部中小企業處榮譽 會計師
安侯建業（KPMG）聯合會計師事務所 經理
資誠（PwC）聯合會計師事務所 副理
勤業眾信（Deloitte）聯合會計師事務所 副理
中國科技大學、銘傳大學及文化大學兼任 講師及客座講師
宏榮創新財務顧問股份有限公司 資深顧問
東海大學校友總會 理事
台北市東海大學校友會 理事
逢甲大學台北市校友會 理事

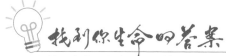
「你國中畢業後，想做什麼？」、「你高中畢業後，想做什麼？」、「你以後想唸哪所大學？以後又想做什麼？」一位鄰居叔叔總愛問我這個問題，但是沒有想到這個無心插柳的問題，竟在我心中默默生了根⋯⋯

我出生在普通家庭，小時候我家是機車行，爸爸專門修理機車，他覺得這行業太辛苦，所以爸爸希望我將來可以是個白領階級。父母從小對我就沒有過度的期許和要求，教育態度也是十分自由、開明，甚至十分尊重我的想法，反而是一位鄰居叔叔給了我一個未來的夢想。

我這個鄰居叔叔大我十多歲，在我小六的時候，就讀政大的他，有時會來我家修理、保養機車，他很喜歡跟我聊天，後來也成為我的家教。在聊天的同時，他會熱心地給我一些想法、建議和規劃。鄰居叔叔後來進入勤業會計師事務所（Arthur Andersen）上班，還是會來我家定期保養機車，甚至下班有經過我家，還會進來閒聊。在他不斷鼓勵之下，漸漸地，他成為我的目標，讓我開始嚮往會計師這個職業。

原本對學業沒什麼規劃的我，突然開始一心向上，於是，我從商專、插大再考進研究所。後來，在校園徵才時，每班近60人班級，只會錄取1到2位，而我，就是那個幸運兒，還沒畢業就被錄取進入勤業眾信聯合會計師事務所

（Deloitte & Touche）（以下簡稱勤業眾信），這是全世界知名的四大會計師事務所之一，我的第一份工作，就打開了我會計師生涯的大門。

錄取進入世界知名的會計師事務所 壓力非同小可

會計師的宿命就是要跟數字為伍，而這是個非常枯燥、煩悶、高壓的工作。

新進人員只要具備會計基礎、審計基礎、稅務基礎，就可以在職場上應用。但是，大型事務所更重視的是訓練及團隊合作，它反而希望你是一張白紙，具有思考能力又不要太自我，「剛剛好」就好。過份聰明、個人主義較高的人，會想挑戰權威、問東問西、不太願意接受指導；反而，「剛剛好」的中規中矩，是最容易接受養成訓練的階段，他可以遵循公司既定的程序和流程，呈現出公司想要的結果。

除了服從性以外，事務所會希望你是一個樂觀、有能力排解負面情緒的人，尤其事情做不完，每天忙到不斷加班，你該如何釋懷？釋放你的壓力？幸好，我的情緒一直非常的平穩、緩和，因為我認為事情一定有解決方法，萬一思緒卡關，我也會安慰自己：「算了，想不到就先不要想了。搞不好睡一覺起來，就有靈感了。」這樣的個性，似乎也是我的

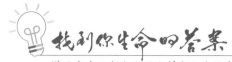
優勢之一。

　　會計就是認真看待數字，看懂它背後的故事，這是企業幫助決策判斷的最好依據。

　　所以，數字絕對不能錯，一旦錯了可能導致一家公司的決策錯誤，或是害一間公司因此受罰，那真是罪大惡極！因為我們所服務的客戶，都是公開發行的大型企業，主管機關是交易所、櫃買中心、證期局和金管會，甚至是國稅局，如果我們有任何的疏失和錯誤，會遭受懲戒與裁罰，此外，我們也必須要面對投資大眾，這些都是我工作上的壓力來源，所以在世界知名的四大會計師事務所，必須要具備足夠的抗壓性，才能勝任這份工作。

欲戴皇冠必承其重　客戶皆為上市櫃公司不容有錯

　　可以進入到世界四大會計師事務所的員工不容易，要委託他們服務的客戶也都不簡單，光是客戶的分層和屬性就和一般企業大不相同，絕非等閒之輩。

　　舉凡會委託四大會計師事務所執行財務會計及稅務服務，幾乎都是上市櫃公司，或者是外商企業，這樣的客戶要遵循的法令比較多、也比較嚴格，因此對於財務及稅務會計的要求也相對較高。簡單來說，上市櫃公司是財務會計的概

念，非上市櫃的中小企業、微型企業則是稅務會計的概念，
兩者大相逕庭！

　　就守法性來說，一人公司、微型企業、中小企業⋯這類
型的公司收入有限，營業額不像上市櫃公司動輒以億元計
算，需要管制的法令也不多，了不起僅遵守公司法及商業會
計法等基礎法令而已，甚至一人獨資的企業，可能也只受到
稅務法令的規範，連公司法都不適用，更毋須談論商業法令
的遵從與約束，甚至是公司治理等議題。就規模性來說，他
們也比上市櫃公司小很多，公司營收帳面多數是做短、成本
費用做高，目的就是減少稅賦的繳納。在這些條件下，對於
願意支付給專業會計師的預算也不會太高，更遑論要聘用專
責專職的人員來負責財務會計業務。所以，客戶的屬性在這
裡就已經開始分層。

　　上市櫃公司則是反其道而行！為了吸引投資人進場、提
升股價，他們的思維都是希望掩蓋負債、創造營收、費用控
管得宜，以漂亮的財報數字來彰顯公司價值。這也是為什麼
會計師必須通過證券交易法、商業會計法、公司法及稅務法
規等考試，獲取執照？因為這些都是上市櫃公司必須嚴格遵
守的法規。換句話說，如果上市櫃公司受到諸多法令限制和
監督，他們需要的財會人員，勢必得具備相關法規知識或經

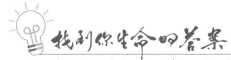

驗，所以事務所要耗費的工時、人力也較高，這就會反應到成本上面，相對收費也比較貴。也因此，有能力成為四大的客戶，絕對都是有財力的頂尖企業。

遺憾的是，台灣專業收費的水準，普遍比其他國家都要低，我們業界的人常開玩笑說：「雖然前面數字一樣，但台幣、人民幣、美金的幣別不同，金額可是差很大啊！」大家花一樣的時間做一樣的事情，但是同工不同酬，有時難免讓人失落，甚至也可能成為沒落產業的困境。

危機也是轉機 頓悟一張會計師執照的價值與意義

2008年，全球發生金融海嘯，許多企業受到重創，我也巧逢人生轉折點。

誠如我先前說的，會計工作是枯燥、煩悶、高壓的，不少同仁工作不到兩年就想離開，萬一有幸撐過再往上爬，就會對公司有所期待。事務所會給你好的薪水、好的職位，也讓人幻想自己會成為金字塔頂端的會計師。但是，問題來了，在金融海嘯的侵襲中，不少人面臨求職碰壁，甚至原本預計要離開事務所的同仁也不敢離職，只好繼續撐。此外，在客戶沒有成長之下，事務所裡的同仁要面對兩大問題：「一個是薪水能否調漲？另一個是職銜是否調升？」面對內

憂外患的事務所，為此提出因應對策：「如果想要再調升，進入管理職，那就必須具備會計師證照才行。」

這張會計師證照，瞬間點醒了我！

能夠進入四大會計師事務所的人，尤其是台、政、清、交的學生，基本上就已經很優秀、也一定具備基本水準。有些人在進入職場前，就已經考取會計師執照；但也有一部分的人，會選擇先進入職場工作，之後再考試取得執照，我就是屬於後者。

我在勤業眾信的六年裡，我專注於工作範疇，一路爬到副理，直到當時遭遇到金融海嘯，少了那張證照，導致我的晉升卡關，我才開始審思：「我是否該好好準備證照考試？」既然這張會計師執照是一把鑰匙，它可以解鎖我職場的成就，更關係著我未來的夢想，我確信職位只是暫時的，執照才是我一輩子該好好捧著的飯碗。

說實話，考照這件事，對我來說雖不輕鬆，但也絕非難事。

以前的會計師考試是每次只錄取前面的百分之幾，後來的考試變成分年、分科，只要在四年內考完即可。因此，在台灣的考生可以有連續四年時間準備及參加應考，但必須在此期間完成所有專業階段考試科目。通過專門職業及技術人

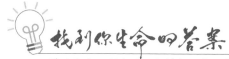

員高等考試後，及格者獲頒考試院的「會計師高考及格證書」；但唯一要提的是，取得「會計師高考及格證書」只代表你僅具有基本的專業認證，並非是一位專業的執業會計師！而會計師考試的科目包括：國文、中級會計學、高等會計學、成本會計與管理會計、審計學、公司法、證券交易法與商業會計法、稅務法規。

在會計的世界中，審計學就是教你用有系統的方式去查核客戶的帳，說穿了就是查帳，這些需要步驟、程序、依據。但是，在學生時代，缺乏實務經驗的結果，審計學就只是一堆虛幻的理論基礎，是很抽象的概念！

當你進入事務所工作之後，你才會明白審計學到底是怎麼一回事？原來我所學的這一些，其實就是事務所教我的這一切，它所設計的這些程序，就是為了要查帳！如何把數字具體化、明文化，數字的由來和依據，以及如何建立證據。

以銀行存款為例，我要如何證明客戶的銀行存款是真實存在的？而且金額無誤沒有虛增？甚至是否完整揭露，有無隱藏的負債？一般人就會說：「看存簿就知道了啊！」但是你知道嗎？台灣前一陣子發生KY公司爆發不實財報弊案，最主要的原因就是因為疫情的關係，以至於台灣的會計師無法到中國大陸進行實地的審計、查帳、覆核，只能依賴中國大

陸的公司，把財務資料及憑證回傳過來。萬一對方傳來的憑證是經過變造的，會計師該如何辨明真假？這時候就要發銀行函證，請銀行確認該公司有哪些銀行帳戶？在資產負債表日的金額是否如實存在？是否還有其他欠款或負債？這些都牽涉到資訊揭露的問題。

因為我先進入職場，有了實務經驗，我才有辦法把學理和實務結合起來！這更幫助我清楚理解考題，在準備考試的時候，我才能更上手。「考會計師很難！」、「考會計師要花很多時間！」如果你一開始就這樣想，那個恐懼感就會把自己限制住。我只告訴自己：「先去做了再說！」

在不設限自己的情況之下，我只花了一年的時間準備，然後，一次考完！

 ### 工作教會我的事　會計師不是只要會算帳而已

離開勤業眾信之後，我陸續轉任資誠（PwC）聯合會計師事務所副理、安侯建業（KPMG）聯合會計師事務所經理各兩年，這兩間也是國際知名四大會計師事務所之一。換句話說，所謂的「四大」，我就待過其中的三大。

經歷這三家事務所，讓我對會計師有很完整的認識，特別是對工作應有的嚴謹態度以及維護客戶關係的深化。

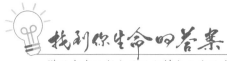
當我還是基層人員時，工作時間很長，薪水也不一定比周遭朋友高，但是隨著時間和經驗的累績，這個產業的後續發展可能會比其他人要好。舉例來說，在「四大」從業的大學畢業生，假設底薪33,000元起跳，碩士畢業生則為38,000元起跳，可能比科技業、工程業的起薪少，但比一般文科畢業生的起薪高，比上不足比下有餘。此外，事務所的加薪幅度，每年可能月薪加個2千、3千、5千都大有可能，加班費也是相當可觀。

更重要的，事務所的制度有明確的規範，升遷管道非常暢通，它有一系列的績效考核，例如：升遷制度、獎酬、加薪，規章十分清楚，在大型事務所就比較不用擔心抱大腿這個問題，只要沒有出大紕漏，加薪、升遷都不會是太大的問題。不像在中小企業就業，員工可能要看主管臉色、隨老闆高興來決定職場生死。

除了凡事嚴謹以外，事務所更在意的是，和顧客有沒有很深的關係連結？大型事務所要養這麼多的會計師，所以，社交能力很重要。資深會計師往往要打入的人脈社群，通常是董事會裡的大股東、高階主管，這些具有決策能力的人。

基本上，在大型事務所裡的職別，有助理、組長、主任、副理、經理、協理、副總，最後是執業會計師，不同的

階級負責不同的業務，分層把關，而執業會計師就是負責最頂端的覆核。

經理和副理除了基礎覆核，還要有規劃工作的能力，要管理基層、管理案件進度和投入成本的控管；負責出外交朋友的則是協理以上階級的責任。不論你是哪個階級，假日來上班、或是加班到三更半夜幾乎是常態，尤其遇到每年度的報稅季節，加班到天亮更是家常便飯，大家都習以為常！

有的事務所會有淋浴間，洗個澡、休息一下再繼續加班衝刺。許多從中南部北上來工作的同仁，會在事務所附近租屋，一忙起來出差、加班，幾乎很少回家，房租幾乎等於白繳給房東。

孩子的成長不能錯過 自立門戶開設會計師事務所

「你早上出門的時候，看不到家人；當你回家的時候，家人也睡了。」這是我們業界流傳的一個玩笑話，甚至還有同事打趣地說：「如果再忙一點，恐怕孩子連爸爸都不認得了。」這就是同業的常態。

在大型會計師事務所的工作相當忙碌，我的時間就是賣給事務所、賣給客戶，忙到想要考取相關證照都十分困難，因為我連進修的時間都沒有。整天加班的結果，就是下班回

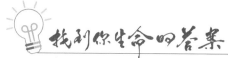
家只想趕快睡覺、補充體力,萬一忙到事情做不完,也會壓力大到睡不好。這段期間,我覺得我整個被掏空了,我每天像個機器人,活在成堆的數字,不斷重複過著一樣的日子。

當孩子出生後,我又遇上另一個重大轉折!

隨著年紀增長,我最想要的是把時間留給我的家人,尤其是我的孩子,我不想錯過他的成長。我非常重視我的家庭,如果等到我爬上去了、我發達了,我再回頭陪伴我的孩子,他可能已經長大了。我認為孩子小時候是需要父母的陪伴,但是加班是我們這行業的常態,疏於陪伴家人、小孩也是常有的事,很多同事都會笑說:「孩子會問媽媽說,這個叔叔是誰?」但這個玩笑話,卻道盡箇中辛酸。

我深深的明白,此時此刻,大型會計師事務所的生活,不再是我想要的。為了孩子,我仔細聆聽我內心的聲音,最後,我決定自行創業。只要可以多換取和家人相處的時光,就是值得!親情無價!

在大型事務所時期,菜鳥一進去就是受訓、接著查帳,然後才能編製財務報表,再讓長官進行數次的覆核,經過一層層的覆核,才算是完成工作。但是輪到自己創業,可能就是校長兼撞鐘,一開始什麼都得自己來,直到業務量擴增的時候,若以一天工作8小時來說,我沒有這麼多的時間去應

付這麼多的客戶，即便我有辦法在應付所有客戶之後，再回辦公室作帳，我已經很累了，這樣根本沒有效率可言！

以專業服務的行業來說，例如：會計師、律師等等，最重要的設備和資產就是「人」。

假設我把所有員工比喻為機器，我聘請一個員工，我就假想自己花錢租一台機器設備，薪水就是租金，我等於是租用他們時間來工作。時間到了，機器需要暫停、保養，就如同人要休息一樣，最大的差異是，機器沒有個性、脾氣，但是人有個性和脾氣，是不是開心上班就會有差別，畢竟員工才是幫我賺錢的好幫手。

在時間有限而非能力有限的情況下，聘請員工來分憂解勞，幫我處理較為低階、簡易的工作是勢在必行的，我才有餘力去提升客戶服務、維繫客戶關係。

會計師的功能是服務客戶、開發業務，替公司賺錢、找資源、生利潤，案子進來了，請員工操辦，創業會計師不該傻傻坐在座位記記帳，或是做文書處理的工作，不然就是大材小用！

請了員工來之後，我還得循序漸進地訓練他，人畢竟不是機器，一定會有所情緒，萬一這個員工情緒來了，發洩在客戶身上，那就得不償失了。因此，所以要先了解客戶，再去面對

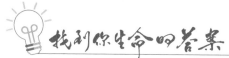
客戶，如此一來，才能幫助員工合宜的安排及面對他應負責的客戶。

不被招牌框架資源　更該擦亮自己名字作為號召

算帳不難、覆核不難，如何維護客戶關係？才是最深的學問。

我平常就會跟客戶維持聯繫，如果剛好在客戶附近，也會過去打個招呼、聊個天，畢竟見面三分情；又或者客戶曾經提及哪件事情，我會持續追蹤，一有進度就趕快回覆，客戶就會知道我把他的案件放在心上。

只是，這個分寸是需要學習、調整的。

以前，客戶有任何需求我會盡量地滿足他們，後來我慢慢地發現客戶的需求是無止盡的。這個「無止盡」很容易讓我的工作量無限上綱，萬一客戶的觀念是停留在「免費使用」的情況下，很容易不珍惜資源，所以我也必須跟客戶溝通：「如果不用花太多時間的，我可以立即回覆；但如果是需要花時間研究的事務，就必須要收費。」

當雙方建立起「使用者付費」的概念，就可以避免無謂的爭執。在我報價之後，最後我是真的收費？還是以商業折扣奉送給客戶？那就有可以衡量的空間。

所以，客戶喜不喜歡我？認不認同我？是否滿意我的服務？有時候這是很主觀的。如果客戶本來不喜歡我，即使我很認真服務他，他還是不滿意，遇到這種不投緣的客戶，我就會放棄，不要勉強彼此。另一種是服務的再好，他還是會嫌貴，這類型的客戶我也不會勉強對方接受我，因為可能有的客戶他只需要基本服務，不需要高規格，所以一開始就要跟客戶溝通清楚，這是很重要的事。

　　會計師講求的是專業服務，其中這個「專業」部份是需要不斷精進的，如此才能提供客戶最即時、最正確的觀念。所以，「與時並進」是身為會計師必須具備的基本精神！要抓住客戶的心，除了專業之外，另一個關鍵就是「信賴」。

　　對於一有問題就會想問我、無時無刻就想要找我的、甚至願意把好友介紹給我的，這類型的客戶就代表他很信賴我。

　　很多會計師不太喜歡面對他的客戶，我卻剛好相反。我很喜歡去面對我的客戶，因為我覺得人與人之間的溫度，才是最溫暖的。彼此互相的關心，像是朋友般的真心，有時候超越客戶服務。我有一位經營三年的客戶，他不只把公司業務委託給我，甚至把自己的家產細節全盤托出，因為他認為在家族傳承和財產分配上，我可以幫他做出最好的規劃。如

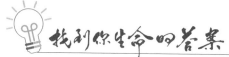

果沒有強大的信任基礎，一般客戶根本不願意這樣做！

所以，當我決定從「四大」離開、自立門戶時，我就提醒自己：「我應該以自己的名字為招牌，而非讓事務所的招牌框住我。」所以我逢人就會介紹說：「你好，我是張景榮會計師。」當我擦亮我的名號，人家就會記住我是誰，才不會模糊焦點。

 入行17年　堅持專業與初心服務客戶不間斷

師父曾說：「會計師是你的使命！」

我從國中萌生當會計師的念頭，到我踏進個領域，我才真的領悟這個工作內容、意義，以及我是否適合這份工作？我在做的事情，是不是符合這個職銜、這個名稱？我踏入這個行業，至今從業17年，真心熱愛這個工作，即使再累，也從未想過要離開。

我透過工作來歷練自己，也讓自己的專業不斷精進，故事想好，劇本也已規劃好，我將不斷地驗證自己的初心和熱情、至死方休。

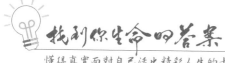
一堂12億的課
獄中苦讀11年從法拍屋
翻轉人生

堀江蓋文 松燁房產有限公司合夥人

堀江蓋文Gavin 個人簡介

- 松燁房產有限公司合夥人
- 專業小散戶
- 誤入龐氏騙局入獄11年4個月
- 加盟仲介公司──大家房屋
- 奇立世貿易公司經理人
- 舊新車行經理人
- 學生時期運動好手大學運動會曾獲個人200公尺、400公尺、1600公尺接力金牌
- 喜歡挑戰自我，自願加入傘兵特戰部隊

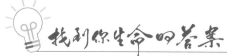
是怎樣的工作，讓自己上了雲端？又是如何讓自己從雲端墜落地獄？短短三年多，我從一個人人稱羨的百萬業務主管，瞬間變成一個經濟罪犯，11年多的牢獄委屈，要從一個龐氏騙局開始說起。

14年前，我看到一家金融公司在應徵業務，對金融一竅不通的我，仗著勇氣便一腳踏進了公司去應聘。當時主管告訴我，因為公司有辦法跟券商拿到比較便宜的斷頭股，所以各種斷頭股就是公司的主力商品，而業務的獲利來源就是賺取價差。我一聽，深深相信這是門商機，完全認同這個金融商品，這個認同感讓我整個陷了下去！

為了可以在公司出類拔萃，我非常認真工作。為了開發客源，我自己先花30萬小試身手，沒想到一個月後，我真的在後台看到我獲利了，我心想肥水不落外人田，一定要趕快報好康給親朋好友知道，於是，我的親友紛紛入甕。

去金融公司做業務賣斷頭股　竟誤入龐氏騙局

詐騙集團要騙你，一定會經過縝密的計畫！

我一直以為這是間正常公司，我努力發展業績，沒想到居然是幫騙子把自己賣了，還替他們數鈔票，完全被耍得團團轉。如果你明白遊戲規則，再加上自己的貪慾，你真的賺

不到錢！

　　舉例來說，假設以我為分水嶺，我以下的組織團隊，有投資人投資一百萬，一個月買賣一次，獲利大約3%、5%，一個月的投資時間到了，投資人可以考慮要轉換還是要贖回。如果要轉，就直接轉換投資標的；如果不轉，看是本金加利差直接出場了結？或是本金保留，只領取利差也行。換句話說，在我的業務體系之內，我都是正常的公司營運，你要進場、轉場、退場，我都沒有設限，交易部分該給的錢，我都有給，分毫不差。

　　又或者有兩個投資人，一個投資100萬的要退場，另一個投資人是帶著150萬要進場，那這個150萬的作用，剛好100萬給要退場的，剩下的50萬我上繳回總公司。我一方面把該分給下面的價差都給發放出去，我自己個人賺來的錢，卻再投入買股的股數，在公司的後台，我擁有非常多的股本，但以現金來說，我幾乎沒領。

　　這時候的我，還沒警覺這一切不過是個紙上富貴，我賺到的，其實只有數字。

　　因為我賺的佣金，我又再跟公司買斷頭股，當我持有股數越來越多，我可以賺取的佣金比例就會變大，為了不斷提高這個佣金比例，我一有錢就把它拿去買斷頭股，所以我賺

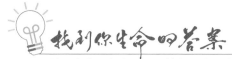
到的錢，不過就是電腦上的數字罷了，我並沒有真的把現金提領出來。我除了每個月跟公司領取必要的生活費以外，剩下的錢，從來就不在我的錢包或口袋，都是不斷補回公司。所以，有很多投資人就是像我這樣，看到有賺錢，就再進場加碼。

也因為如此，大家從那個吸金公司所領出來的現金或是匯款，少之又少，因為大家都認為當自己持有的部位越高，可以收取的趴數越高，所以大家都不太不喜歡把錢拿出來，因為大家都在等，等趴數越來越高，然後一夕致富。

此時，大家也看到的表面的我是不斷獲利、升遷、當主管、買車，外人看我嚐到甜頭，以為我發財了，於是別人也相信我、相信公司，大家一窩蜂地跟著我投資，我也跟著飄飄然，相信自己可以帶領大家通往富貴的世界！

旗下業務200人 吸引7000投資人、募資高達4億！

這間斷頭股公司有好幾個業務體系，我是其中一個分支的業務總監，在我全盛時期底下的業務高達200人！為了凝聚我自己的業務班底，我甚至自己寫制度，我把以前在房產公司、傳直銷的工作經驗，全部在這裡發揮的淋漓盡致。

在我們公司上班的被稱為業務，是沒有底薪的，依靠獎

金過活。舉例來說，總公司告訴我，這個月的斷頭股的利差是5％，我把這5％當成是我自己的業務團隊的營運資金，例如投資人可以領取的利潤是3％，剩下的2％則是我和業務員依照各自的階級或是募集的資金高低，再來分取利潤。

所以，你問我如何吸引別人？對外，商品的部分，就是買賣斷頭股賺利差。對內，就是做組織團隊。

針對我的營業體系，我非常著重在觀念思維，我自有一套教育訓練、組織制度、有晉升、有表揚，把大家的向心力凝聚起來，牢牢地扣在一起。我這個分處的對外形象，就是讓大家覺得這個商品很穩定、很好賺，所以要買的人多、要退的人少，在這樣的情況之下，我根本不用跟總公司調錢，我每個月從新的投資款，扣掉要退出的投資款，都是正數字，這些正數再如期、如實上繳總公司。不知不覺，我在這短短兩年多，居然幫公司吸引了七千多名投資人、四億元的投資金。

很多人一發達就喜歡吹噓自己，但是我反而沒有大頭症，也沒有打腫臉去買豪宅、名車、搞招待所，我不搞豪奢的這一套，我只有貸款買了一台代步車，生活上也是固定的生活費而已，每個月依舊過得很節省。我的生活模式大家都知道，但沒想到因為這種樸實的形象，更多人願意相信我。

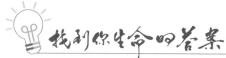

也因為這種信任，讓我更有責任感，更讓我一心想帶領團隊往前走。

對於總公司毫無戒心的我，直到民國95年的某一天，我看到新聞說它是吸金公司、詐騙公司，檢調單位兵分19路搜索總公司和各分處的時候，當下，我傻眼了！傻眼之後的下一秒，我想到的不是想要去告總公司，而是擔心我下面的這群人該怎麼辦？相信我的投資人該怎麼辦？

我非常懊悔自己過度相信公司，而且真心投入！我從沒想過這是場龐氏騙局，我本以為自己很重要的業務團隊領導，沒想到看了新聞報導說這是吸金組織，然後檢調單位兵分十幾路搜查，我當時頭腦一片空白，心情的轉折從雲端跌到地獄，整個人是背脊發涼、頭皮發麻！「我剛剛繳給公司的四、五億就這樣化為烏有了嗎？」、「我現在是要穩定軍心、想辦法替投資人翻本嗎？」很多想法就在腦袋裡竄。

當時，我是唯一一個沒有被檢調搜查的分處，我跟團隊召開緊急會議，趕快把還沒匯給總公司的剩餘資金保存好，火速另外成立一個公司，跟原本的總公司完全切割，讓這些相信我的投資人，還有機會從別的地方把錢賺回來。

自立門戶開投資公司　企圖力挽狂瀾卻無力回天

當自己真的成了老闆，才知道沒有財經素養，要在股海穩賺不賠，根本難如登天。

我找來律師、會計師來重新成立投資公司，並且交由操盤手來操作，那時候民國95年行情正好，沒有大問題，直到民國96年發生美國次貸風暴，我的資金在一星期內大縮水，只剩下兩成到三成，再也沒有能力幫投資人賺錢，於是，我決定面對投資人，宣布倒閉。

清算公司資產後，剩下的資產分配給所有投資人，但是金額過於龐大，我能賠給投資人的錢只有1/10，剩下的9/10我完全沒有能力還，最後，我只能面臨投資人的刑事提告！身無分文的我，要扛下所有債務，這還不是最慘的。原本在先前吸金公司的部分，我被判緩刑，但是再加上這一告，成了罪上加罪！

翻身未果，還讓自己陷入官司，這無疑是雪上加霜！

我因為自己深信不疑，以為大家都可以賺到錢，所以才會動員大家投入，光是我自己家族投入的金錢就超過千萬，說到底，我家真的被我害慘了！

仔細來算，我自己的部分，現金30萬、貸款90萬，總金

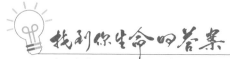

找到你生命的答案
懂得真實面對自己活出精彩人生的十個答案

額120萬；我的大哥原本是月入10萬、弟弟月入7萬，兩人都是因為相信我，放棄原本穩定的工作而全心加入我的團隊，連爸爸都把饅頭店收掉來我公司上班當員工。另外，我的外公投資100萬，我太太的家族包括我岳母、岳母、大姨子、姥姥加起來快300萬；最慘的是我大嫂的家族成員，前後投資了900萬。

也因為我的全家總動員，反而被檢調單位視為家族吸金，這案件一發不可收拾！

天真妄想一肩扛下錯誤　檢察官連三聲：你扛不住的！

進入司法程序之後，錢和官司這兩點，對我是最大的打擊。我才明白自己的妄想和一廂情願是如此的天真！

天真的代價一：看清自己的能力，不是說自己想要扛下來，就可以扛下來。

案件調查期間，在訊問的過程當中，我每次都跟檢察官說：「檢察官，這個部分其實都是我做決定的，那他們只是聽我說什麼、就做什麼，這些都是我的責任，我會扛下來。」檢察官聽了之後，就很直接跟我說：「你扛不起啦！」這句話，還足足講了三次。

當下，我聽了只是覺得：「為什麼我會扛不起？」沒想到，打完官司、判決下來到了執行的時候，我才真正覺悟

到，我嘴巴說我扛得起，但其實不是這麼一回事！因為即使我願意替我弟弟坐十幾年的牢，這不是我自己說了算，也不是我想、就可代替他進去被關，司法怎可能如我所願。

天真的代價二：無知與自以為是的責任感，讓全家淪為被告。

我非常自責我居然沒有獨立思考的能力，對於財經最簡單的常識和判斷能力都沒有，不只是自己深深地相信，還號召親朋好友一起加入。先說吸金總公司，一般人遇到這樣的情況，可能就是想辦法捲款跑路，或是眼不見為淨，但我一想到這些投資人很多是我身邊的至親好友，如果我跑了，那我的父母、兄弟、太太要替我承擔一切。此外，我自認我打從心裡就不曾要惡意詐騙別人的財產，所以，我不能逃！

我一股腦就是想要翻本，但卻忽略更現實的問題，我善於募資卻不善於投資，再加上國際金融事件，所以血本無歸！

親朋好友的錢、其他投資人的錢，我說我願意還，但實際上我拿什麼還？打官司前，我已經先把剩餘的資產都吐出來，把能還的都先還了，結果，我自己打官司的律師費、保釋金，一毛都沒有。

我打官司的費用，還是媽媽把房子拿去增貸，就為了還

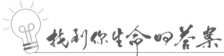
我清白。只可惜打官司是個沉重的負擔，當時除了我以外，包括爸爸、哥哥、弟弟一家四口全部都被列為被告，開一次庭要繳四個人的錢，從偵查到起訴，每一次律師費就是15萬費用，律師來見我每次也只能15分鐘的會面，絕大多數就是在問候，根本沒有時間討論官司，眼看情況對我越來越不利，媽媽和太太最後也是無力負擔。

很多事情當下我以為是對的，但是沒想到一步錯、步步錯，不管我是否基於善意？最後都變成是我要去承擔後果。此外，我天真地以為我可以一個人承擔所有的錯，但沒想到法律不是這麼認定的，導致連我的家人要和我一起概括承受，這些都是我的當頭棒喝！

漫長11年牢獄如何熬？閱讀帶給我力量和希望！

民國97年，我被收押禁見，我漸漸對官司失去希望，最後法官認定我吸金12億，判刑13年10個月併科罰金二億元。從我被關進去直到假釋出獄的這段期間，夜深人靜時，我唯一自豪的是：我至少看得起我自己！

在裡面關，也是會發生有趣的事情。例如：每個獄友原本各自擁有一個大約60公分左右的竹蓆，這個竹蓆就是你的睡鋪。但是因為犯人太多，獄所太滿，所以竹蓆被裁掉1/4，

只剩下45公分，這個大小你只能側睡，腳還不能彎曲，一彎曲就會頂到別人。最菜的獄友只能貼著廁所門口睡覺，只要有人要上廁所，就一定會踩到你的睡鋪，一間房大約睡20人左右，有時候一個晚上會被吵醒10多次。

但是，被判刑13年10月，時間很長，如果不找別的事情做，我該怎麼熬？如果不能死，我該如何挺胸走出去？我想，進修是最好的答案！

收押在看守所時，24小時都在4坪大的房間內，除了吃飯和就寢時間，時間都是自己運用，看書、下棋、運動通通都可以。到了發監到台北監獄後，看書的時候只有中午和晚上，尤其下午5點半到晚上10點是我最好閱讀的時光。

我在獄中靠著大量的閱讀來轉移注意力，然後湧上很多的想法。我想說：「這11年，我就當做沉澱自己，當我出獄的時候，人生還不到50歲，我應該還有機會有一番作為吧？」這微薄的信念，產生了一絲絲的力量支撐著我，讓我對未來還抱持著一線希望。

我每個月固定閱讀商業周刊、今周刊、SMART、MONEY這四本雜誌，11年來至少看了1000本書，透過閱讀，我的自信也不斷遞增。

雜誌和書籍我都不只有看一次，有些書籍我可能會送

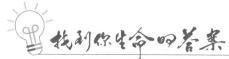
人，但是重要的雜誌內容，我看完之後我會畫重點，第二次看時，我覺得不錯的文章或是關於商業模式、商業需求的文章，我會撕下來再分類收集，有時間再閱讀、反覆咀嚼思考。尤其意志消沉的時候，閱讀就是我最好的提神劑。在獄中，每週二到三天是會有小型讀書會，由我負責主持，讀書會針對商周、今周刊的內容來交流；另外，我也會開投資課程和獄友分享投資心得。

幸運的是，因為我表現非常良好，所以我成功申請到八德的外役監，早上坐車去外面工廠工作、傍晚再坐車回來監獄，假日還可以放假，每天晚上和假日都是我閱讀的時間，這時候的我，就更努力充實自己。調到外役監後，因為有機會可以跟外界接觸，為了不跟社會脫節，我更努力充實金融投資和房地產的知識，放假的時候，也和朋友會聊到房地產。

投資的部分，不管是之前的吸金公司還是後來自己獨立的投資公司，我才猛然發覺我的強項是集資，而不是在金融操作，而且募集到的款項還是交給別人處理，對於投資我卻是一知半解，導致整個被騙光、賠光，這就像是自己的命運掌握在別人手裏，針對這點，讓我對自己感到很悲哀。如果還有餘生可以讓我扭轉命運，搞懂投資就是我的人生功課了。

領悟！

沒有人可以為別人負責，因為這是自己的功課

我63年次，進去關的時候30歲出頭，民國109年假釋出來時46歲。我還沒50歲，人生也許還來得及，所以，這個很有可能是我人生最後一場戰役。「活在當下、無常比明天先來」這句話，我常用來勉勵自己。

關於閱讀，這11年我都沒有荒廢，尤其關於商業模式的部份特別吸引我，包括產品、行銷、趨勢，每一個都很新鮮，從雜誌裡我可以得知原來現在流行這樣的商業模式，我也因此學習、模擬，試圖尋找適合自己的投資方式。我甚至砥礪自己出獄之前，目標要寫出100個商業模式，到最後寫了47個。

我也一直在鑽研投資這件事，包括投資心態、技巧、模式，藉此來訓練自己獨立思考的能力，回想自己跌的這麼慘、付出的代價這麼大，歸咎原因就是我對投資是一竅不通，沒有任何概念導致的結果。透過閱讀之後，我認為只要找到適合自己的投資方式，其實投資不難，但一定要把這個主導權抓回自己手上。

對於未來的規劃，除了當個專業小散戶之外，我已經有

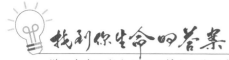
部份發想的商業模式以及有點凌亂的筆記

1、換屋網

2、全球最大私家車出租平台，私家車共享經濟

3、水族館、寵物店，早上正常營業晚上轉變為水族旅館
   及寵物旅館

4、文創＋直播＋線上競標＋實體通路＋座談會＋出書

5、信義商圈APP 結合AR，整合商圈所有第一手資訊

6、保單健檢APP

7、為外送員量身打造的機車，滿足外送員需求的機車

一個夥伴和我合作房地產，包括一間房屋法拍公司和一間房屋仲介公司。

因為自己先前吃了大虧，所以在投資上，我最在意的就是風險，一個是錢的風險，另一個是法律的風險。做事不能遊走法律邊緣，一定要一切合法，萬一發生虧損，我能不能承擔？在這兩大考量之下，房地產是我最佳的投資標的。

我第一步就是法拍屋市場，到目前為止都有賺錢，只是賺多賺少而已。唯一一個失誤是，我在法拍市場不小心買到凶宅，但是買了就買了，只好當教訓，自己先處理乾淨之後，再以原價轉手賣出，對方也知道這是凶宅，而我損失的就是手續費罷了。一般來說，正常的房屋在法拍市場會有三成的利潤空間，所以它的安全邊際是可以計算得到的。

 ## 人生答案！擁有獨立思考能力是各種困境的解方

回首當年，

我以為是個事業，拉著全家人一起做！

爸爸以為是兒子的事業，全力支持！

哥哥以為是弟弟的事業，全力支持！

全家人都以為這是個可以飛黃騰達的事業，全力支持！

沒想到這是詐騙案，我意外成了幫凶，我的親朋好友被

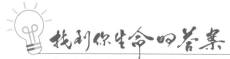
傳訊70人，我的家人就被騙了超過千萬！我承擔七千名投資人的希望，只想快點找出路，當時投資公司還有一些資金，以為是可以翻盤的資本，沒想到我以為對的決定，竟是一就是一步錯、步步錯！

我有11年的時間，可以在牢裡想著如何去死？但是我沒有，我選擇用閱讀來累積自己的軟實力，讓自己有機會扳回一城。

香港首富李嘉誠曾說：「我的人生90%都在想風險、想虧損、想失敗。」我以前聽到這句話會覺得：「都還沒有做就先想失敗，未免太悲觀？」尤其以前在業務單位，那時後的觀念就是像孫正義那樣，手裡掌握六、七成的把握就是先像前衝再說。

就是因為沒有經歷風險量化的這種體悟，直到自己慘跌一跤後，才明白人家的財富是如何小心累積起來的！也明白一直在意風險，不代表裹足不前，那不過就是提醒自己，去思考可能失敗的原因有哪些？這個結果，我是否承擔得起？

現在的我，沒有空哀怨，我必須趁我還有餘生的時候，修補和家人的感情，也得尋找下一個投資機會。我現在身無分文，想要東山再起是萬事起頭難，但是我的合夥人卻願意和我分享他的資源、人脈，更何況我是一個更生人，要重返

社會找工作實在不容易，因此我也格外珍惜這個機會，希望未來的工作穩定之後，能將我自創的商業模式，擇一實踐。

我慘痛的經驗，不敢說可以給你帶來什麼正面的力量，但或許我也可以是一個教材，若你不想和我一樣「被騙還幫人家數錢」，那麼，具備「獨立思考能力」將是你解決所有危機的最好答案。

一堂12億的課，我都想辦法從谷底翻身了，你，怎麼可能翻不了身？

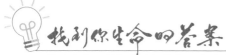
跟糖尿病拚餘生
年逾五十登百岳戰七頂峰

黃健輝 「輝哥的天空」登山旅遊網站 創始人

黃健輝個人簡介

- 從軍近15年曾得有寶星獎章、寶風獎章、忠勤勳章民國70年全國通信兵科有線電連連長武藝測驗，獲得全國第一名。

- 民國61-74年，擔任班、排、連、副營長等職務，並在學校兼任助教、教官等職務。

- 民國74~76年，退伍從商，也兼任過送貨工人及餐廳守衛。

- 民國76~100年，擔任監守管理員、機關學校人事室主任、嘉義縣政府人事室課長。

- 創辦「輝哥的天空」登山旅遊網站

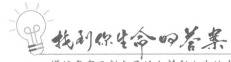
在攻頂的那一剎那，我站在山頭，俯瞰腳下景色，挺起胸膛、深深地一個呼吸，我知道，我又戰勝了一個挑戰、又成就了一個嶄新的自己，每一次，我都當作是一個重生。因為登山，對一個糖尿病患者來說，不只困難，在某些人眼裡，簡直就是拿生命開玩笑的事。

但我卻也是因為拜糖尿病所賜，才開啟了我的登山之旅。

 ## 為拒死神於門外　因糖尿病踏出登山的第一步

我的家族有糖尿病遺傳病史，而我是在民國87年發病的，至今20多年的病史，除了家族遺傳之外，我自己也疏於注意，常交際應酬，所以我比其他的兄弟都還要早發病。

初期，我只要由醫師開藥服用即可控制，但後來控制不良，所以從民國96年起，我必須以注射胰島素，才能維持身體的健康。以家族過往的經驗來看，只要開始注射胰島素後，即伴隨併發症導致洗腎、死亡。死神擁抱我的日子，似乎不遠了…

面對這一切，讓我多麼的錯愕！當時的我，才52歲啊！我實在不甘心那麼早就走到人生的終點，所以，「跟糖尿病拼了」變成我唯一的目標，有了想法就開始行動，騎腳踏

車、跑步、海泳我都試過，我感覺，這些運動的強度都不夠，最後選擇了爬山！

我想，就從調整體質、改變原來的生活開始做起吧！

我為了能經常地爬山，甚至選擇離開職場，專心地去爬山。你可以想像一個人在52歲之前，是完全沒有登山經驗嗎？別說是你了，其實我自己也很驚訝，因為爬山從來不是我的運動選項之一。

說來汗顏，我雖住在嘉義，但連最簡單、最近的阿里山，我都沒去過；而我的第一座超過3000公尺的高山，就是清境農場上方的雪山主、東峰。那時，我參加嘉義縣山岳協會的郊山、中級山活動，也不過是半年的時間，上了雪山主、東峰，才發現，原來台灣有如此漂亮的山景，有如此新鮮的空氣，有如此空曠的空間，從此就愛上了高山百岳，開始步入登山的行列！

第一次的登山，給我的衝擊和震撼，至今難忘。

挑戰冷門、難爬　七天攻頂台灣百名山「針山」

從2007年開始登山的我，花了四年的時間，完成了第一輪的百岳，我也是臺灣第一位為完成百岳的糖尿病患者，當時還登上新聞版面。你以為我這樣就滿足了？壯舉就此打住

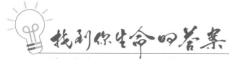
了嗎？沒有，我還想要再一次！我又再一次完成了攀登百岳，這15年來登山的過程，我一點一滴、用自己的方式土法煉鋼記錄下來。

爬高山的人，一定就是想完成百岳的版圖，我也不例外，每每看著百岳數目在增加，心裡的那股衝動也是一座比一座高，我的百岳是在六順山完成的，當時不像現在有機車隊可於二天內完成，而且路上的螞蝗也很多，完百當天有多位好朋友跟我上山幫我慶祝，當時內心的振奮是難以形容的！

在15年的登山行程中，最值得讓我永遠回味的山，其中一個是被列為台灣百名山的「針山」。

這座山在台灣的山界，其實並不是很有名，它的高度也僅止於2340M，未超過3000M、未列入百岳，也因此造訪的人不多，但它卻是列入台灣百名山之內，也是台灣百名山最難爬又很少人爬的一座山，網路上也從沒有山友分享的一座山，只因為了完成台灣百名山的一股衝勁，讓我非得完成它不可。

這座山，是我拜託花蓮縣太魯閣登山隊的金隊長，特地開團帶我上去的，金隊長也沒去過，大家就靠地圖、GPS等資料，民國109年第一次去，花了七天的時間，結果因時間問題而撤退，110年第二次組隊前往，也是花了七天完成，

但登針山那天，因考量路上完全沒水源、 沒有可當營地的平台供露宿，當天總共走了23小時，非常的累，但也相當的興奮，終究是近七十歲的老人了，還能像年青人有體力完成針山的行程。

登百岳攻玉山之後 再爬世界七頂峰

在完成台灣百岳的夢想後，更奠定我要出國爬山的目標！

其實，人往高處爬是一種天性，當你爬過了3000公尺，一定想爬4000公尺，這是一種突破！就像有人賺進了第一桶金，一定又會想賺第二桶金一樣。台灣最高的山是玉山，高度3952公尺，想突破這個高度就只有出國，所以我才會有爬世界七頂峰的目標。

首先，我選擇非洲的吉力馬札羅山，在我認知裡，吉力馬札羅山算是最簡單、也不需要特殊裝備，就可以攻頂。接著，我前往歐洲的厄爾布魯斯峰，它是歐洲最高峰，這次的裝備就比上回特殊，我必須準備冰雪登山工具才能攀爬。最後，飛往南美洲爬排行七頂峰第二高的阿空加瓜峰，這一次，老天給我考驗了！

我在爬阿空加瓜峰時發生了「高原反應」，當時大約在

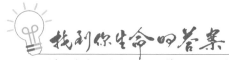
海拔6500公尺的高度上。什麼是「高原反應」？高原反應也是我們俗稱的「高山症」，有些人會在超過1500公尺高時就會出現症狀，更多的人會在2400公尺高度之後，才開始出現症狀。高原反應的症狀，包括：倦怠、全身無力、頭痛、失眠、持續心跳加速、噁心和嘔吐；嚴重的話，還會出現意識混淆、急性精神分裂、幻覺、肺水腫等等，甚至導致抽搐或昏迷。

當我發現自己出現輕微的高原反應時，為了安全起見，取消所有8000公尺的高山登山計劃，包含攀登聖母峰的行程，也一律取消。另外，北美第拿里峰、大洋洲的卡茲登滋峰及南極洲的文森峰，則是因為疫情而暫緩，等到疫情結束，我還是會一年一年地去完成已訂的目標。

爬山，就是件鍛鍊心智、苦中作樂的美事。尤其，爬世界七頂峰可是一件很燒錢的事！當初我存了650萬元，就是為了爬七頂峰，現在的經費可能又得增加了。

曾經，有廠商要贊助我爬山，但都被我婉拒了，因為我不想揹負著責任去爬山，我只想快樂、沒負擔的爬山，反正有多少錢就爬多少山，快快樂樂、自由自在、沒心理負擔多好，這才是我爬山的初衷。

不論職業但求盡責　傾全力克服己任

在我辭職去爬山之前，我是一個很平凡的公務員。日子雖然平凡，但我卻是很兢兢業業地過著。

我常笑著介紹自己的一生，曾經歷軍、公、教、警、士、農、工、商等八大行業，也真的是比一般人跨越更多的領域。至於在每個領域中的角色，我都是全心全力投入，不會因職業的性質、職別的高低而有所差別。記得在民國76年間，我曾在高雄一家海產店擔任守衛職務，我不僅做好守衛的工作，休息時間都還會主動幫店裡的小弟送酒菜，也會幫店裡打掃人員清理廁所，所以老闆在我離職時，還給我了二倍的薪水。

凡事追求滿分、追求第一，我認為這應該是人類的天性吧？在工作崗位上，我要求自己要做的最好，這不僅是我的目標，也是我個人的工作原則。

但是，在工作上想求第一，首要之道就是要具備工作上的專業能力。而這種專業能力，有時不是與生俱來的，是要靠自己勤學、勤動方能養成，我深信具備專業能力後，自然能在工作上運用自如，但有時候往往因為追求完美、不能缺失，也會因為對於工作付出太多的時間，容易忽略了其他面

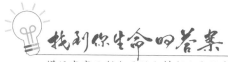

向的照顧。

 紀錄登山點滴　輝哥的天空網站誕生

　　我對工作的認真與執著，後來也反應到我自建的登山網站中。

　　我在嘉義縣擔任人事主任時，我就自行架設網站，當時的初衷是為了方便人事業務有個葵花寶典，提供人事人員查詢法令相關的資料及資訊。後來，我辭去工作之後開始爬山，我突然憶及這個網站，我靈機一動，何不把我曾經爬過的山、走過的路、看過的景點，分享給其他有需要的人呢？

　　如果我能提供相關資訊，勢必也可以讓山友們在登山時，多一分事前的準備，也就等於多一分安全。即便有人沒辦法爬山，我也可以分享資訊和照片，讓他們一窺山景之美。

　　這樣靈光一閃的想法，我真的付諸行動，用了七年的時間，除了管制區之外，我默默走完台灣367個鄉鎮市區的知名景點，「輝哥的天空登山旅遊網站」就這樣一點一點的越來越完整。

　　網站剛創建的時候，我是依存在服務的學校裡面，退休後，我只好將網站獨立出來，我的網頁很陽春，也不是走花

俏路線，但我自認這些都是我一步一腳印蒐集出來的資訊，所以我很引以為傲。十多年來，我就是用這很傳統很陽春的方式記錄著，唯一擔心的，就是怕哪天電腦壞了！

圖文並茂詳實記載山況　盼山難不再發生

爬山的過程，我一定是邊爬、邊記錄，邊照相、邊用文字寫下。

一開始，我很習慣用紙筆和相機來記錄，再加上地圖及指北針來配合，持續記錄。後來，有朋友教我用錄音筆記錄，但是我覺得不習慣、也不實用，另外像APP的話，我雖然用過但還是覺得自己用紙筆記載，還是比較詳實，所以APP也很難用得上。

很多山，我憑著記憶或感覺，我就可以安全的走了，因此對我來說，相機反而比較重要，我一定會使用防水照相機來輔助拍照。像起霧或是下雨，這些在山中都是常態，為了防止山上氣候變化過大無法記錄，使用防水照相機就可以避免水氣，自然也不會影響紀錄。

如果像是基點處、叉路口處，或是特別明顯的地方，來得及我就用紙筆記錄，萬一碰上下雨天或趕時間，我就照相記錄，之後再補上文字。我的相片以紀錄現地的實況為首要

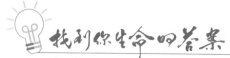

目地，而不是拍美景，所以回到家後，我會在用修圖軟體補強清晰度。

「輝哥的天空登山旅遊網站」是我的心血點滴，也是我分享山況的心路歷程，

自設網站起初是為了分享登山資訊，十多年前開始爬山就是參考了登山前輩們的登山資訊，受益良多！因此，我深信如果我的網站仔細記錄山訊，有好的登山資料，藉由網站分享便可以避免許多山難的發生。

 ## 獨力將臺灣眾山分類 幫山友區分難易度

台灣的登山資訊，大多散雜於山友個人的FB或部落格，想要一個資料完整的網站，會耗費許多時間及經費，所以專業登山網站少之又少。我想把我的登山常識及經驗傳承下去，只要知道有山友上山之前，都會先上網看我的資料，著實給我很大的安慰與滿足。

每個行程結束，我都會花時間重新整理行程。例如：我的行程安排八天，我可能就要花上四天來整理圖文資訊，有時候沒有經過校對，難免會出現錯字或是疏漏之處。台灣由於板塊運動的影響，造就了地球上高山密度最高的島嶼，海拔3000公尺以上高山有268座。並刪除維基百科登錄有268座

等字,而其中具有秀、峻、險、奇、有山名、明顯起伏山峰的98座,再加上不足3000公尺的鹿山、六順山,這些山岳統稱「台灣百岳」。

我將臺灣百岳、小百岳、百名山、百步道等行程,把難度作為十級分,以玉山為例,難度為五級分,一級分是一般休閒旅遊行程,九級分以上就是艱苦兼具危險性的行程,完全就是考驗路線!

以路段來說,有郊遊路線、健走路線、健腳路線、百岳路線,甚至還有小百岳也有參考難度的分級。上下坡也會區分,例如:30度以內屬於緩坡、30到60度為緩陡坡、60度以上為陡坡;下切路段,30度以內為下切、30到60度為緩級下切、超過60度則是急下切。

針對無法登山但喜愛行走步道的民眾來說,林務局在建國百年時,有推出100條具有特色的步道,這些步道分布於台灣各處,深具自然資源與人文歷史的代表性。各步道分別以山岳地形地貌、氣象景觀、動植物資源、眺望景觀、古道遺跡、林業文化等資源去呈現不同的特色,值得一遊。也許有些步道不盡如人意,但只要用散步休閒的心情或換個時間、換個山友去體驗,自然就有不同於爬山攻頂的滋味!

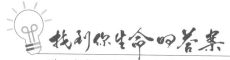
有讚聲就有批評 有人觀看就是一種正面鼓勵

有趣的是，我的網站漸漸有人開始閱讀、分享，爬山的時候還會被山友認出來我就是「輝哥」，也有熱心的山友來信指正錯誤，沒想到對岸也有山友會來觀看我的網站，這些都是意外的收穫！

當然也有一些評論，我也得承受。例如有山友開玩笑說，看我拍的照片會想睡覺，或者質疑我評斷登山的難易度、可看度，這些當然都是較為主觀的觀感和認知，因為每個人的體力和天氣都會影響這些素材，我的想法很簡單，就是盡量提供資訊、完善山況資料、減少山難，其他的我就不多想了。

爬了15年的山，除了一個網站像是自己的寶寶看著它成長之外，更重要的是，我的糖尿病因此好轉不少，我的抗病之路，也是種成功吧！

回想起15年前，我在醫院，第一次拿著滿手的針筒時，我就決心改變自己的生活，也從那時起，爬山就跟我的生活結合在一起，結果，我活到現在。選擇爬山這項運動來抑制糖尿病的惡化速度，是我自己選的，憑心而論，這條路也是相當艱苦。爬山，讓我不僅抑制糖尿病的惡化，甚至有好轉

現象，或許哪天可以脫離打針吃藥的日子呢！

 ## 糖尿病友登山必備　攜帶方糖避免血糖過低

　　糖尿病的病況能好轉，這在醫學上可說是很少的案例。因為大部分的醫師都不會贊成病友去做「爬山」這類激烈的運動，因容易低血糖，而造成不良的後果，但是經過這些年的訓練，我最近在山上時，也不需打針吃藥，連我的主治醫生覺得很不可思議！我想，或許長期爬山改變了我的體質，加上我天生樂觀的態度而創造了奇蹟吧？

　　不要小看爬山，因為激烈的爬山運動會引發低血糖而導致不良的後果，所以大部分的醫生都不會建議糖尿病患者登山，我自己也是糖尿病患者，所以在爬山的過程中，會比一般人更特別注意血糖的變化，才可以避免發生不必要的後果。

　　糖尿病山友和一般的山友登山是有區別的，一般的山友只要具備有登山的體能、登山常識及裝備就可去登山了，但糖尿病友登山，除了要具備一般山友的體能、登山常識及裝備外，可以多帶些糖果、或是能即時化解低血糖的方糖。

　　此外，糖尿病友登山之前，一定要跟自己的主治醫師、衛教師好好溝通，對於上山後的注意事項及飲食，都是登山特別要注意的事項，登山後對於糖尿病情的發展也是要和醫

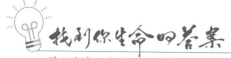
師保持相當的連繫，以避免病情惡化而不知。最重要的，若糖尿病患已有併發症如心臟病、心肌血管急病、洗腎、眼睛及肢體等毛病，都應該儘量避免有高山的活動。

山路宛若心路　風景總在最後的美妙

很多人會問我，我都已經完成百岳了，甚至有些路線我還去了好幾次，我會覺得無趣嗎？我的答案是：不會！

我從跟著走變成帶隊走，當你自己安排自己喜歡的行程，怎麼會覺得無聊？爬山的過程中，每次的團友都不一樣，沿路的說說笑笑、互相扶持打氣、一起攻頂的歡樂表情，總能感染彼此。還有，登山時的心境不同，眼睛看到的景色也會不一樣。所以，即使是同樣的山，去幾次都不會無聊。

但是，要能夠當高山或郊山的領隊或響導，就是登山的另一種層次。

雖然APP是個好用的工具，但有時候它也不一定適用，因此，在帶隊時，我沒走過的路線，我都會跟著別人走一遭，因此，可以憑藉經驗依照地形和路跡，來決定行走路線。所以，要有多年經驗的登山經驗才適合擔任領隊和響導，為了讓登山更完善，我也多次參加登山安全或急救訓練，以備不時之需。

高山嚮導不是光會帶團員走路而已，最重要的是，領隊一定要有穩定團員的心，遇到狀況還能沉著應付，比如說，遇到有團員受傷或死亡，領隊要會簡單的醫療能力，並能穩定團員的心情，這才是最重要的。我曾經擔任高山嚮導期間，對於登山者的體能反應狀況，欠缺注意而發生高原反應，是為憾事。

 ## 放下塵世喧擾　每個山頭都是一段一自我對話

　　我今年67歲，現在我還在當高山嚮導，在登山界來說，我這個老人也是奇葩一個。老人爬山畢竟不如年輕小夥子，總是體能的限制。我50多歲時，可以負重30公斤、40公斤，現在30公斤就有壓力了。所以，我現在爬山盡量將背包重量控制在25公斤以下。

　　為了維持體力和柔軟度，我平時在家每天早上起床後，一定會做做柔軟操，不要讓身體太僵硬。再者，我每天一定做100下的伏地挺身保持手臂力量。所以在山上的攀爬拉繩都難不倒我。但是，為了避免在山上發生不可預期的狀況，所以我絕不單獨爬山，也少有單攻的行程。

　　雖然年紀漸長，前年也正式離開嘉義縣登山協會高山嚮導一職，但為了保持身體的健康，我目前仍繼續帶認識的朋

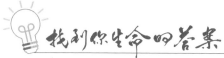

友圓夢,像是在國內除了持續帶朋友爬百岳,或是帶嘉義縣政府的公教人員,走遍台灣各大小山及景點。

其他若有我沒走過的行程或山峰,我也會一一的走完,我最大的願望就是在有生之年,能走完台灣的山脈及景點。

在國外則是等疫情結束能出國時,繼續完成日本的百名山行程,期待爬完日本的百名山,提供國人到日本爬山的參考。另外,除了聖母峰之外,也有繼續完成其他三頂峰的計劃。

爬山就是慢慢的走,走得越慢、看得越多。
享受山巒中的每一時刻,最後從山頂欣賞壯麗的景色!
爬山就是快快的走,走得越快、越有成就感。
享受每一次攻頂的吶喊,最後從峰頂俯視群峰的英姿!
擱下目前的一切,接受悅目的景觀,讓心情放輕鬆,儲備續航力,迎接明日的再挑戰!

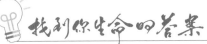
「解答」一切是為了現在
成為生命導師，
成就自己、成就他人

黃瓊鳳 種子法則™ 教育機構 創始人兼董事長

黃瓊鳳 Chantel Ng 個人簡介

- 種子法則™ 教育機構 – 創始人兼董事長
  Seed Harvest Academy Sdn Bhd – Founder / Director

- 種子科技有限公司創始人
  Seed Biotech Sdn Bhd – Founder / Director

- 馬來西亞HRDF國家人力資源發展企業特許管理培訓師
  Certified Train The Trainer-（PSMB no：TTT/93）

- 馬來西亞國家健康與美容產業專家
  Pakar Industries Negara（J116）– Health & Wellness

- 馬來西亞國家人力資源發展資深美容與健康產業培訓導師
  JPK- National Industry Expert（CI J018）– Health & Wellness

- 國際資深美容培訓導師與治療師
  International Certified Beauty Trainer & Cosmetologist

- **2004 & 2005**
  Chapter President BNI- Business Network International

- **2008-2011**
  PUMM馬來西亞創業促進會柔佛州聯委會副主席

- **09.2013-12.2016**
  馬來西亞種子法則教育（非營利）組織創會會長

- **2018-01.2019**
  PUMM馬來西亞創業促進會全國中央理事暨柔佛州聯會副主席

- **10.2014 - 04.2015 和 08.2018 - 01.2019**
  PUMM馬來西亞創業促進會-
  女性創業局Female Entrepreneurs' Bureau全國總監

- 2014年度中國企業教育百強 – 專業十大品牌市場營銷
  培訓師獎項得主

- 2016年度 "亞洲至尊卓越品牌大獎" 得主

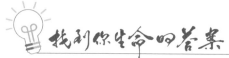
「我的人生體驗和一般人不一樣，我不明白為什麼？為了要尋獲解答，我展開尋找我生命的答案。」

我從小就是一個喜歡思考、問問題的人，小時候常和媽媽到巴剎（市場），媽媽安置我我站在一個角落，我聽媽媽的話，安靜地站在那裡，但我不斷地在打量，好奇細心觀察經過身邊的每一個人，他們的樣子、舉動、行為，人們在做些什麼….這樣的觀察意識，一直陪伴著著我長大，這是我學習著如何成為人類的過程。

從小與眾不同 我總是對生命的意義充滿好奇

記得我在初中時，思考：「人」生下來是為了什麼？是為了賺錢？為了結婚？生小孩？人為什麼來到這世上？我又為什麼來到這世界？對於這些，都已是在我腦海裡思考的問題。隨著時間的過去，這些問題，似乎沒有真正消失在我的內心裡，冥冥之中，卻讓我展開探索生命的旅程。

一直到了18到25年後，我才明確有了答案，我深受自己生命能量其中之一「6」的能量影響。6號能量太陽阿波羅神，祂是天神宙斯之子，是人類的保護神，也是消災解難之神，祂多才多藝，音樂、治療、醫藥、預言、科學、戰爭等等，無所不能。希臘神話中的光明之神–阿波羅的哲學思想–

認識自己、瞭解你自己。這是內在思想家最大的思考動力，想要創造出自己想要的生活，唯一的方法就是了解自己，知道自己想要什麼？知道這世界的運行是何種可見和不可見的因素，在影響著人類的生活？和如何獲得幸福快樂？

在我高二、高三左右，在那一年，是我人生的第一轉折點。

我弟弟從發燒到不斷進出醫院、不斷輸血，這段進出醫院的日子記不清楚是多長的時間，最後檢驗出他罹患癌症，家裡因此蒙上一片黑霧、悲傷、恐懼。最後，醫生對我們說：「這個癌症是血癌，目前沒有任何方式可以醫治。」這是一個很大的打擊！我們為了救他，只要有希望的，我們都會去嘗試，從醫院看診到廟宇求神拜佛，所有科學、非科學的方式全都走遍了，但卻沒有好轉，情況越來越糟糕，他完全沒有進食，奄奄一息地躺在床上，再也沒有睜開過的眼睛，伴著微弱的氣息，似乎等著最後時間的到來。

有一天，上天好像聽見了我們的祈求、渴望，我們尋求神的力量與指引，就在那天，就在那天，來了我同校的一位同學，他問我說要不要讓他的父親幫助我的弟弟？我當然同意了。我記得那一天放學後，我和同學搭了近一小時車程的巴士到他家。同學的父親是一位風水命理師，同時也是位乩

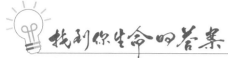
童，在我口述弟弟的情況後，同學父親就說讓我請示「祖師
爺」之後，同學父親換上一身白衣白褲，口中唸唸有詞，好
像有另外「一個人附體」，之後，我好像是「與神對話」
吧？我記得其中一個對白，祂問我說：「妳可以作主嗎？」
我回答：「可以，」事實上，那時的我不是很明白，但我直
覺地認為我說可以，我弟弟就可以獲得祂的幫助。

之後，祂給我一道符，在他們的解說之下，我回到醫
院，將備好的米、鹽、茶葉和這道符一同化，撒在我弟弟的
床四周。沒想到神奇的事情發生了，第二天，我弟弟竟然被
醫院通知可以出院了！我趕緊帶著家人去「祖師爺」那裡，
在一股無形力量的庇佑下，在很短的時間裡，我弟弟竟然可
以進食、站起來，精神一天比一天好轉。

經過二、三個月之後，有一次神給了指示，要我家人從我
們當時居住的中部一個碼頭小鎮搬到馬來西亞的南部，我媽媽
在倉促中租了一個大貨車，帶著姐姐、哥哥和弟弟，直接搬到
了完全陌生的南部住了下來。而我呢？當時為了完成高中考
試，陰錯陽差的在這個家庭式廟宇住了下來。

零花漾的少女時期　我10年精神世界的修行

我在「不食人間煙火」的精神世界裡，成為信使，並且

展開茹素11年的修行生活。

這是我人生第一次離開父母和家人，在一個完全陌生的環境下生活，這裡也成為我第二個家。從活潑、可愛、才華洋溢的、十指不沾陽春水的小女生，變成每天燒菜、煮飯、打掃、為病人煎藥，每天誦經2至3小時，每晚為家人和他人抄經消業障等，成為了我長達三年的生活。同時我也成了一位「訊息者」，成為傳答「神」與人溝通的信使。

我每天為很多人服務，有很多人前來問生活、事業、健康等等人生中的各種問題，也包括不同空間和維度的討論，而我卻成為他們之間的傳遞者，幫助我更可以滲入事物裡面的能力，在對的力量裡解決問題。

三年後，也就是我21歲的時候，有一天神明給我一個任務，祂指示我跟著領導一行三人去南部開辦佛堂，我答應了，於是，我又展開另一個七年的艱辛生活。

下腳到南部二老一少的我們，一開始沒有多少經費，我們的小生意就是在路邊賣豆水、豆花，透過小販的生活維持生計，一天賣不到30元馬幣（300元）！做了幾個月之後，我們改為建築區的流動小販，一天去賣兩次，一天賣不到馬幣100元（1,000元）。

我每天在腰部綁著一個四方型的大籃子，裡面放滿我自

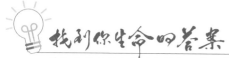
己做的幾款素食糕點和食物，左、右手各提著20到30包自己包好的茶水，這些茶水包很重，提到連手都痛了。我穿梭街道、挨家挨戶的賣，這樣的生活維持了8、9個月後，又換到巴刹（市場）街道經營清晨五點的素食早市，賣了幾個月，每天的收入都沒有超過50元馬幣（500元）。

我每天淩晨3點起床，準備好各式手工糕點、粉類、早市的早餐等等，開始一天的生計。下市之後，還要買料、煮飯、打掃，準備第二天的各種糕點、完成額外的訂單，當時，季節式的粽子和月餅也有賣。後來中午有增設一個賣雜菜飯的攤子來增加收入。

我還記得我用一個38吋的傳統大鍋子，這7年的生活裡，我的雙手總是被油噴傷、燙傷，整天與火為伍的我，從清晨站到晚上，一天至少站10多的小時，汗流浹背、艱辛工作，每天都快深夜才就寢，平均每天睡不到4小時，長期下來真是身心俱疲！記得有一次，我們三個人在一天之內完成1500顆的粽子，連續幾天沒什麼睡，就為了在幾天內趕出5千多顆的粽子訂單！

就是這樣每天早晚不停的工作，沒有其他，日復一日地過了7年，年紀輕輕的我肩負起維持佛堂的日常經費、維護兩棟四層樓的日常灑掃、照顧6到7人的生活起居，這個擔子

與責任，其中的過程、細節和感受，真的無法用言語描述。

 ## 佛堂遭逢巨變的選擇題 我選擇重返「人」的道路

在南下的一年半後，領導選中一棟三層樓的透天厝，準備作為佛堂，領導因此向一位贊助者借了30萬馬幣做為買樓的頭期款。再隔一年多，這位贊助者又買下隔壁，做為兩間佛堂的場地，一樓打算開設素食店，做為自供自足的模式。

可惜，後期建置佛堂需要龐大的經費，進度拖太久、花費也太多，最後雖然蓋好了卻來不及營運，因為當時佛堂最大的贊助者突然病亡了，家屬要把房產收回，這個事件來的太突然，我們幾個人從這裡搬了出去。這個事件的發生讓一切起了變化，這也是個重大的轉折點，也給了我重新選擇的機會。

當時，我問了我自己，並且給自己兩個選擇：一個是繼續「神、聖」的道路，一個是做回「人」的道路。最後，我選擇踏上「人」的道路。

因為我覺得我付出10年的光陰，已經很足夠了，反而是我沒盡到我對父母和家人的本份，因此，我決定離開這一切，準備走入這個世界。此時的我，雖然接近30歲，卻是什麼都沒有，而自己對於人、這個社會、這個世界完全沒有概

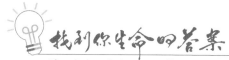
念，我不知道從何開始？更遑論未來要怎樣走？

在生命中最寶貴的青春年華的10年光景中，沒有家人、沒有朋友、沒有手機、沒有電影、沒有錢、沒有社交、沒有駕照不會開車、沒有華麗的衣服、沒有時尚的用品，卻過著勤奮、勞動、樸實、寧靜，不涉及「人間煙火」的生活。我雖然有家人，但是也10年沒什麼聯繫，所以重返社會也沒有想要麻煩他們，對我來說，要踏出第一步，雖然很難，但我也無法擔憂太多，就往前走便是了，我心想著：「我既然可以從什麼都沒有、都不會，卻在7年之間建造了佛堂和當時的一切，我這樣也算是有一些成績吧？那我一定也可以再一次從什麼都沒有的情況下，再建立起我的另一番成就！」就是這樣的信念，默默領我前進。

我所經歷的過程和一些特殊的體驗，成為我生命裡深刻的烙印，多年後，不盡讓我思考為什麼我的人生和他人不一樣？為什麼我經歷著與常人不一樣的生命體驗，過著與常人不同的生活方式？為什麼這些事情會發生在我身上？而這背後，到底是什麼力量影響著我？之後，我對於我過去所發生的事情和我的生命經歷，我都有了答案，明白了是哪個力量和因素，在我身上起作用和影響。從混沌到自覺，再從自覺到覺他，這是一條超過18年漫長的探索過程！

在我越接近自己的生命答案時，我就開始走上傳播種子法則™的教育。

30歲才進入現實社會　開啟我的人間試煉

第一次踏入社會，我就意識到要改變。

當時的我，很清楚需要錢來維持生活，但是，要如何找錢呢？離開佛堂後，我先後從事過幾種行業的業務，例如：保險、銷售女性產品，以及教育類產品。因為我的勤奮和努力，我也獲得不錯的收入，但後來和朋友創業，賺來的錢也虧完了。

我曾有一段時間裡，身上沒剩多少錢，我每天都在一間免費的素食店裡吃一餐，這樣渡過好幾個月，後來我賺到一些錢後，常回去捐款，以感謝當時這間店對我的援手。

這段改變與成長的過程，對我來說非常不容易，我不僅沒有資源，而且反差極大！我除了要克服自己內在成長問題，還要學習技能和掌握許多的綜合能力，同時面臨許多挑戰。

之後，我朝著美容領域發展，並考取相關國際證照，從專業服務到護膚品，榮獲國際和國家認證學院，後來再到國家健康美容考核官和人力資源發展認證培訓師、國家級教

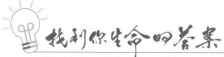

練、國家人力資源部的企業特許管理培訓講師等。

在成立美容學院時，我們正好執行馬來西亞政府推動的產業學徒制項目，這項目由相關企業給予時地訓練和培訓，加上學院的專業教育，雙方考核合格後，學徒可以獲得專業學術文憑，同時也具備實戰技能，而申請的學徒每月可以獲得政府的相關津貼。

這項目一開始很順利，但卻維持不到4個月！因為從第4個月開始，之前已審核合格的第一批學徒，政府沒有再發出津貼，甚至第二批學徒完全沒有收到津貼，加起來一共20多人，導致很多學徒的學習因此中斷。為了解決和瞭解此事的因由，我每個月至少2至3次前去政府人力技術部門瞭解進度，後來更尋求高層的官員協助，卻沒有獲得絲毫的進展，學徒們因此很焦慮。幾個月後，他們兩批透過外面的支援，集合到消費者的仲裁庭，他們竟一致性供說沒有在我的美容學院報過課程，並要求學院必須全額退費他們已購買及使用的學習器材，他們同時還透過某政黨的力量，召開多次記者會炒作新聞，甚至還尋求人民代表律師要求退費以及律師費的賠償。

事實上，這些學徒是經過批審並且在合格的程式上進行的，每人都有2份簽署雙語版的合約，一份是政府提供的馬

來文合約、另一份則是學院提供的英文合約，每份合約都有超過4人以上的簽名，和一名由政府委任的見證人簽名。這些學員明明就有生效合約，甚至欠著學院學費，但我提交上去的合約和所有的證據檔，居然都被推翻！法官判說這些合約不成立，並且要求我14天內全數退款！「我沒有錯，怎麼有人可以睜眼說瞎話，而且還是一群人！」當時的我，無法接受事實。

這事看起來很普遍，也不只發生在我身上，同業和其他有申請這項目的異業，大致上都碰到津貼中斷的事，當時有關這項目事件的的報導是紅點新聞，因為這類事件上消費仲裁庭的情況，在馬來西亞全國是滿滿的案例。記得當時，我一位企業朋友還陪同我拜訪國內一間知名品牌大企業創辦人，他擁有許多相關案例經驗，希望可以從中獲得一些意見和解決方法。或許這種事件是許多創業者常會遇到的問題，但對我來說，卻是一個非常重大的打擊！

 遭受不公引爆內心能量
我要知道答案！為什麼是我！

這個打擊，等於讓我重重地跌了一跤、倒下了！

我在短短兩個星期瘦了10多公斤，每晚上睡至凌晨2點

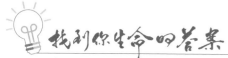

就再也無法入睡，我為此充滿極度的焦慮、恐懼和擔憂，這個事件嚴重拖垮我公司的現金流，也中斷了公司的業務，我揹著我無力償還的債務！但屋漏偏逢連夜雨，就在我面臨我人生一大難關時，我的母親因為骨折，開刀兩次，她再也無法正常走路，因此逐漸消瘦，最後臥躺在床。當時，我萬分難過與心痛，我沒有激情和心力面對事業的困境，我選擇放下一切，好好的照顧、陪伴我的母親。一年後，母親安詳地走了，我也選擇結束我的美容事業；再一年後，父親也走了……

這一連串打擊，是我人生中，至關重要與寶貴的一堂課，因為它激起我強大的憤怒，我為此心生怒火，打擊了我對「善」的信念！我開始咒罵老天，我開始懷疑「善有善報，惡有惡報」，我甚至心想：「人根本不需要做好事，為什麼那些敢使壞的人，就可以得到他們想要的東西？而我們越是想辦法做好人、為別人著想、無私、肯付出，有同情心的人，卻變得很難獲得自己在人生裡想要得到的東西？這些善良的人活在貧窮與挫折中，那些自私、好鬥又有手腕的人強取豪奪，卻往往成為社會的偶像，有名有利。原來這世界是不公平的，那我還繼續做好人，那麼勤奮、努力不懈、維持著善與美好來做什麼！」

這些聲音與情緒成為了我的全部，在沉澱與思考中，回想自己經歷的一切，我終於說出強烈的三句話：「我要知道答案！我要知道為什麼！為什麼是我！」

　　從我決定要找生命答案後，一年裡，我先後遇見三個人。我從他們提供的知識中，找到了初步、但還不完全確定的「答案」。我當時認為驗證這些「答案」最好的方法，就是去「證明」我的明白是否正確？如果我的明白是對的，我就會得到我要的結果。那麼，我要如何去驗證呢？

　　在那尋找答案的一年半裡，我心中一直有一股聲音從未中斷：「…妳出來教…妳出來教…」而我卻不知道如何開始？教誰？在那裡教？

　　我想跟你分享，實際上的事實，所有的事情就是會按照自己所想的而發生！

投身種子教育　開啟自我與他人的人生新篇章

　　就在一些因緣下，我在2013年9月1日開始了我的公益性種子法則™教育，接著，馬來西亞種子法則™教育非營利組織正式成立於2014年9月，我就這樣成為全職義工，教足了3年4個月的公益性課程，學員總出席上課次數超過15,000以上，其中包含二天的種子法則™研討會、三天靜修會、瑜珈

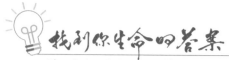

冥想課、助教和工作團隊的培養，以及各種講座，這些全是免費公益課程。

我也曾受邀授課於各大公益性組織與各媒體報導。此外，包含馬來西亞3年4個月以及新加坡1年期間，每年服務各國、各地的數千名學員，每年培養超過100位以上的自願義工和各區域工作團隊，在那期間，曾捐助現金馬幣25萬（250萬）於需要援助者，另外的教育培訓其捐獻的總價值，換算下來超過3百萬馬幣（3,000萬）。

這三年裡，我從生命中的領悟和成長，運用上天給我的天賦和能力，我成功幫助無數人的思維模式與生命得到轉變，並且幫助人們解決各種問題。這些年當中，我也得到無數時見証者的經驗與心得的反饋，轉變了他們短期和長期心態、人生、事業、家庭、金錢、財富、健康、人際關係和使命感，並建構十善社會的基礎，產生正面又巨大的漣漪影響，這些成果驗證了我的「答案」，而我也因為成就他人同時也成就自己，我的財富與人生開啟了新的頁章！

在2017年種子教育™非營利項目告一段落後，我決定栽種另一片土壤，我成立了種子法則™教育學院，定位卓越心智實效教育，卓越心智高績效人才的培育系統，以最根本、最簡單、最有效、最有改變力量的智慧來創造新的價值。

當你看到這裡，首先我想和你／妳說：「謝謝你看見我的生命故事，我也想讓你不用擔心我，這些年來我已過得很好。不管是在精神與心靈、價值與意義、幸運與美好、認知與能力等等，我都在一定的水平之上了。也就是說，我已將我過去的經驗轉化成智慧的力量，生命之花的綻放形成朵朵的祝福，今天的我依然在路上！」

如果要人生中發生真正偉大的事，必須重新發現自己究竟是誰

　　在這趟的旅程中，我驗證了上天，這世界是公平的，並且絲毫不差！成功是必然的，每一顆好的種子必然得好的果實，壞的種子必然得壞的果實，我似乎找到了我生命中一切的答案，同時我也幫助別人做到。

　　而我在這裡，最重要的是我認識到自己的人生功課，如何克服自己，如何成為一個完整和成熟人格的人，我瞭解了自己是誰？自己帶來的天賦與能力，瞭解了自己真正想要什麼，也知道了自己的價值與使命，知道了我這一生要怎麼生活，才能獲得真正的快樂與幸福。我不需依靠別人或外來事物來獲得快樂，我也不需要他人的認可，因為我已經證明了自己的價值，並且透過持續發展內在的美麗與智慧的力量，

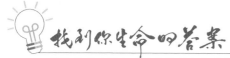
活出屬於自己的人生。

　　未來是一個不定數，不管你經歷什麼，它是可以通過你自己去改變的。世上有各種不同的力量，可以決定哪一些事情會發生在你的身上，只要你知道了那些力量是什麼？你的人生就可以過得更好！

　　在追求美好人生的過程中，我們會經歷種種的學習，從而領悟到人生與事物的價值和意義，從認識自己和發展自尊、建立自信，進而創造出可以發展潛能的生活，創造出健康美好的生命，最後使得自己通過他人做出貢獻，從自覺、覺他到覺滿。

　　而我希望帶給人們的是智慧與力量，，在這世上留下終極的財富，一個人在思維心智與意識的徹底轉變，不僅帶領一個人走向個人的財富、成長與擁有年輕的身心，同時會改變我們對待周遭人事的態度，引導利他的精神和十善社會的基礎來創造生命觀、企業觀、價值觀、世界觀與財富觀，最終更使我們對地球及人類的整體健康生態，產生影響。這種經由身心靈的徹底轉變，才是最根本、有效、簡易、具體、安全並切身的終極智慧的財富。

凡事只要盡力就能圓滿

游淞竣 現任曙光小築 共同創辦人

游淞竣 KEVIN YU 個人簡介

現任

世界首位國際認證負能量釋放師

現任曙光小築 共同創辦人

現任Showfocus藝能經紀負責人

現任美國IACT「國際諮商師及治療師協會」

（The International Association of Counselors and Therapists）催眠講師

現任IABP身心靈推展策略國際聯盟總會會長

中華催眠協會認證 專業催眠師

美國NYWE學會認證 國際負能量釋放督導師

美國IACE國際負能量釋放督導師

資歷

曾任亞提斯娛樂事業有限公司股東兼娛樂總監

曾任百韻演藝經紀公司總經理

曾任大方娛樂有限公司經紀部經理

曾任全球首席多媒體整合行銷經紀部經理

曾任海峽兩岸身心靈研討委員會主任委員

資格認證：

美國IACT「國際諮商師及治療師協會」（The International Association of Counselors a nd Therapists）催眠治療師

美國紐約衛斯敦學會（ New York Westom Educational Association ）負能量釋放督導師（Chief Supervisor of Negative Energy Release）

中華催眠協會 專業催眠師

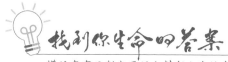

座右銘

『凡事只要盡力就能圓滿』

『そんなに頑張らなくてもいいよ』

前言

從17歲就開始習慣觀眾的掌聲，習慣被藝人們尊稱為老師，經歷過秀場文化，也見證台灣綜藝節目盛世。

然而，是在什麼樣的機緣下，我決定轉職並開始接觸與學習催眠，抱持著想要「服務人群」的想法？

又是什麼樣心態上的改變，在接觸催眠後就認定這是一生想要從事的工作，想傳遞「催眠是什麼？」的正確觀念，想要幫現代人釋放壓力，讓社會充滿正能量。

我是如何找出生命的答案？

所有的轉變都來自於2007年的那個夏天………

童年的影響

從我懂事以來，在我的印象中，我跟我二弟一直都在親戚家寄養，那時我尚未上幼稚園，一年只能見上我媽一兩次，或許我知道我是暫住，心中也是這麼希望著，所以個性變得孤僻，也或許我不懂得撒嬌，所以很不得人疼，因此常常被打。

直到有一天，我阿嬤去看我們兄弟時，發現只能見到我弟弟卻見不到我，問了很久才知道真相，原因就是因為他們覺得我不乖，所以被打，打到身上有傷，他們怕被我阿嬤發現，所以索性把我藏起來。

當阿嬤發現我雙腿都是瘀青，頭上腫了一個包，頭髮還因為抹了萬金油而黏成一塊一塊的時侯，我阿嬤眼淚流不停，並且毅然決然的決定要把這個孩子帶回家，親自照顧。

小學四年級左右，不知為何發高燒，整整的燒了將近一個月，也昏迷了將近一個月，阿嬤每天讓我睡在草蓆上，枕著水袋，每天餵我喝椰子汁，期盼能降溫，期盼我能快點清醒張開眼睛，而我～畢竟是小孩子，最需要的還是父母，據我阿嬤說，我在昏迷時嘴裡一直喊著要找媽媽，或許也是這個原因，當我退燒了，人也開始清醒後，我阿嬤就決定帶我

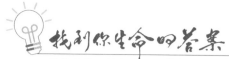
去日本找我媽。

人生第一次的選擇

「我的童年是在日本度過！」

到了日本，很自然地就住了下來，因為媽媽在日本開店做生意，小時候的我就很獨立，開始著白天上課，晚上照顧一個比自己小十歲么弟的日子，並沒有思考過未來的方向是什麼。

直到國中三年級，有一天媽媽要我去店裡一趟，說是阿姨及小時候有位常跟我玩的大哥哥來到日本，要我去見見他，「這位阿姨和我是結拜姊妹」媽媽對我說。

到了店裡，看到一位很會跳舞的大哥哥正在秀舞蹈。

第二天，我聽從媽媽的話，帶著這位大哥哥略盡地主之誼的逛逛秋葉原買電器、吃日式料理，當一天導遊的行程即將結束時，大哥哥就對著我說：「二哥現在在台灣很紅，若是你有想到台灣進演藝圈，二哥可以幫忙。」

而這位大哥哥就是當時在台灣主持綜藝節目「來電五十」的包偉銘。

當年包偉銘的一句話燃起我進軍演藝界的夢想，於是，我決定先在日本拜師學習舞蹈。

直到有一天，我在台灣的二弟，由於氣喘得很嚴重，讓我媽媽放心不下，決定要回台灣，而在這時我做了人生第一次的選擇，我決定放棄日本的居留權及學業，跟著我媽媽回來台灣。

原來我跟大家不一樣

先說個題外話。。。

回到台灣後，某天晚上跟家人一起看電視，當時家人最愛看的就是玫瑰之夜，看著玫瑰之夜，看著鬼影追追追，看著一群人不知為何的恐懼，看著一堆人說著我不覺得很奇怪的畫面，突然心中有個疑問，於是乎我問了阿嬤一個問題。

然後，我得到了答案...

原來我從小就跟別人不同，因為我能看到的跟別人看到的東西不一樣，也就是大家所謂的『陰陽眼』。

竟然到了16、7歲我才知道原來我平常看到的，是只有我看得到，原來我平常覺得正常的畫面，對其他人來說，一點都不正常，然後，終於明白同學們為何常常覺得我在自言自語，我一直以為大家都一樣。

這讓我回想起小時候阿嬤每週都會帶著我去永和的一家精舍，當下，我終於明白，當年阿嬤不是因為迷信，而是她

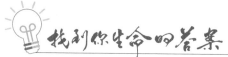
知道這個孫子，要嘛是神的孩子，不然就是中邪，或者是腦子有病，所以她每週帶我去精舍兩次，希望讓我多接觸神明，希望不是真的中邪。

她會這麼想，也是正常的，據阿嬤說，我小時候常會說一些怪怪的話，有時候還說一些讓人感到毛骨悚然的事情。

例如：在房間裡的時候，我會說『有個小精靈會在掀蓋的垃圾桶上面彈跳。』

在五樓陽台曬衣服時候，我會說『有個小姊姊坐在陽台外面，腳晃呀晃的，一直看著對面。』

太多太多的例子，未來都可以考慮出一本真人見鬼故事集了。

R2-馬雷蒙舞蹈工作室

回台灣繼續唸高中時，我開始半工半讀，其中也當起平面模特兒、臨時演員等工作，就是為進入演藝圈而準備。

前面有提到，那位點燃我想進入演藝圈夢想的大哥哥曾經說過，如果我想進這個圈子他可以幫忙，但因為我那不服輸的個性，所以，回來台灣後所有的工作機會都是我自己找的，從沒有靠過他，也沒有主動聯絡要求他幫忙。

不過在那段時間，我有去「來電五十」探班，當我第一

次踏進攝影棚，第一次看到一大群觀眾在現場拍手、尖叫的氛圍，第一次看到節目是如何錄製，就愈讓我更加認為如果夠努力，我也一定也可以在這個圈子裡發光發熱。

高中三年級的時候，我看到報紙上刊登著「R2馬雷蒙舞蹈工作室」，這對到處找機會、到處投履歷，而且曾經短暫學過舞蹈的我來說，似乎又多了一個有案子接的地方，於是，便嘗試投了履歷，不到一週就得到通知，希望我去聊聊。

進到了工作室，首先看到的是一堆人坐在地上，接著是看到角落一位個子高高的壯壯的、頭髮怪裡怪氣的、但臉上從頭到尾帶著微笑的人對著我微笑，坐在地上的那群人正在聽那位高個子的人說話。

再往裡面走，一個小小的辦公室，坐著二位行政人員，其中一位皮膚有點黑黑的，看起來非常有魄力的大姊，開始問我很多問題，不外乎是「為什麼會來這裡」「有沒有跳過舞」「喜歡演藝圈這條路嗎」「有沒有聽過我們」…等等之類的問題，問到一半，剛剛那位怪頭高個的大叔也進來了，他重複剛剛那位大姊的問題，又問了我一次。

當我開始覺得怎麼跟之前去的經紀公司或是廣告公司不一樣、怎麼覺得哪裡怪怪的開始有點想離開的時候，大叔終於進入主題。

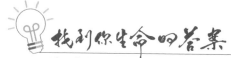
　　他的意思是說，如果我對演藝圈有興趣的話那很好，因為他喜歡有企圖心的人，但是同樣的，他也希望培育出十項全能的藝人，不是只能唱唱歌、或是只能演演戲，他希望培育出的是能歌善舞又能演的人，如果我有興趣，就留下來先從舞蹈開始學習，先從舞蹈開始賺錢，之後再來慢慢發掘我到底是適合唱歌還是演戲。

　　講到錢跟夢想，這個著實讓我陷入深深的思考了，因為我在這幾年接臨演或是平面模特兒的工作當中，完全都只有看別人怎做，然後偷偷學習，從來沒有人教過我什麼東西，當然，我是非常想學習跟精進自己的，於是我立馬答應，這位大叔就叫我從明天開始來學習舞蹈。

　　這位大叔就是我這一輩子最敬愛的老師，他教會了我只要不氣餒一定會被看到所做的努力，也是讓我第一次感受到有如嚴父般的愛，刀子嘴豆腐心，表面很凶悍，其實都默默疼愛晚輩們的長輩，人稱「馬爺」的馬雷蒙老師。

嚴父／慈父

　　在R2舞群學習過程當中錢是賺了不少，但是自信心也擊潰了不少，萬萬沒想到以前在日本學舞的經驗在這裡根本派不上用場。

明天要上節目的舞蹈，今天晚上7點才開始排舞，一個節目從來沒有少過8首歌，一首歌平均要1個小時到1個半小時以內排完⋯..所有的狀況，每天一直重複，就只有歌曲跟舞蹈從來沒有重複，所以每天都要接收新的東西。

　　我們每天就是早上九、十點左右進攝影棚，錄到下午四、五點，有秀場的人就趕秀場，沒秀場的人就回舞蹈教室把今天穿過的衣服歸位，吃完晚飯，晚上七點開始繼續排舞，每天都進行同樣的流程，每天都處在高壓的工作環境之下，每天都要記新的舞蹈，這對以前住在日本時，一週才學好一首歌的我來說實在是太困難了，更不用說那時候我還在唸高三，常常要跟學校請假。

　　或許是因為聯考及工作的雙重壓力，也或許我的記憶力沒有想像中好，所以我常常在排舞的過程中變成害群之馬，因為時間緊迫，大家都很急，大家都很緊張，但，越是緊張就越是記不住，越是記不住就越容易被罵，一被罵大家都要跟著我重新跳一次。

　　「小日本～你跳錯囉」關掉音樂又從頭放一次。

　　「小日本～你又跳錯囉」臉上的表情變得沉重，吸了一口菸，關掉音樂又從頭放一次。

　　「去你媽的死倭寇！你到底要跳錯幾次啊！」馬爺氣到

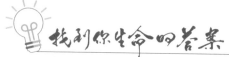
都已經站起來慢慢地走向我。

是的…

小日本就是我當時的外號，是最愛幫人取外號的馬爺幫我取的。

以上的對話與互動，是馬爺最常對我說也最常對我做的，雖然不是每天，但也蠻常聽到，以前聽到的時候覺得很刺耳，但是現在不知道為何，他這樣對我的方式特別讓我想念。

直到有一天的傍晚，或許馬爺也已經受不了我的笨，於是就把我找進辦公室，語重心長地跟我說：「小日本，你真的不合適走演藝圈，你還是回去吧！明天開始就不用來了。」說完便走出辦公室，下樓走回他家。

當時，我的心情非常沮喪，騎著機車從建國南路回到士林，沿路流著眼淚鼻涕飛奔的回家，我很難過也很不甘心，難過的是自己覺得已經很努力了，不甘心的是如果我能再有多一點的時間，絕對可以做得到，很氣自己也恨自己，但～想著想著，突然，不難過了，突然，覺得自己找到了什麼答案，於是我想通了，也覺悟了。

第二天……

我知道今天的行程就是中午12點馬爺會上樓去排舞，於是我早上9點就已經在馬爺住家的門口等著。

十點多，馬爺的太太剛好開門拿東西見到了我，我說我想見馬爺，希望馬爺再給我一次機會，馬嫂勸我先回去，十一點左右，馬嫂又出來看我，我依然還在，馬嫂又轉身進去，十一點五十分左右，馬爺開了門，準備往樓上走，表情嚴肅地看了我一眼只說了一句：「還不上去暖身，在這做什麼。」

我想，可能是我的堅持與誠意打動了他吧！

為了彌補我很差的記性，我想了個辦法，我準備了筆記本，把每一次跳的舞蹈，每一個動作，都用圖案及文字記錄下來，所有哥哥姐姐及同梯練習生跳完後都是在旁邊練習或是聊天，而我是躲在靠近廁所旁邊的角落，靠著微暗的走廊燈光，默默的在寫我的武功秘笈，而這個舉動原來馬爺都看在眼裡，因為有一次某位同梯練習生連續跳錯很多次，馬爺一生氣就要他拿我的武功秘笈去抄寫十遍，這時候我才知道原來他都在默默地觀察我。

前面有提到我覺悟了，我不再把這個舞者工作當成平常接模特兒、臨演工作的心態，我不再把這份工作當成可有可無也無所謂，於是，為了讓自己能夠更專心，我住進舞者們住的宿舍，這樣可以多一點時間學習，也可以多一點時間跟同梯練習生一起討論與練習。

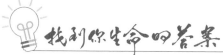

因為住在宿舍，所有事情都是自己要打理，包括吃飯、洗衣服，也因為年紀輕，所以不懂得照顧自己，於是有一天我生病了。

在宿舍病了幾天，所有人都去上工，只剩我一個人待在空蕩蕩的房子裡，忽然間電鈴響了，我拖著病奄奄的身體，緩緩的走向大門，開了門以後，可能是突然受到驚嚇，精神頓時好了三成。

「馬爺！」

馬爺穿著他平常寬鬆的衣服，頂著一小搓流海的頭髮，穿著拖鞋，提著一袋東西，手插著腰站在門口。

「怎樣…是要讓我站多久，不會讓我進去啊？」

我很緊張地立刻讓個位置，讓馬爺通過，關上了門，我跟在馬爺身後走進了客廳，馬爺坐下以後，點起了菸～

「我剛好出來辦事情，聽說你生病了，順道過來看看你。」

「一個連自己都不會照顧的人，怎麼有資格待在演藝圈。」

馬爺瞪著大眼睛的看著我，就這樣地數落我。

「餓了沒，我聽他們說你都不好好吃飯，我剛好要帶便當回去，順道多買了一個，你現在當著我的面吃掉，不要傳

出去說我都在虐待你。」

話說，我已經記不得當時的我是肚子餓還是因為怕他罵我，所以我把他遞給我的便當一口一口猛地往嘴裡塞。

我一邊吃一邊偷偷地看著他，他留著一整頭的汗，手裡叼根菸，瞇瞇眼的看著我，他的眼神就像是會看透我的心事一樣，一直看著我。

「馬爺，你不吃嗎？」

「你管我，我現在很熱，不可以晚一點吃嗎？快吃！」

當我吃完一個便當之後，他又遞上第二個便當。

「我現在吃不下，你把這盒也吃掉。」

我知道他的脾氣，我怕我拒絕他，他會生氣，於是我又把第二個便當也吃完了。

這時候他才帶著微笑，看似滿足的說：「你這邊好熱，我要回家了。」

當他踏出宿舍門口，走路過了斑馬線，往工作室的方向走，看著他的背影，我不爭氣的流下眼淚，因為我當下才明白，他說的”順道”跟”順便”，其實都是藉口，其實他真正主要的目的是來看我，兩盒便當也是為了要買給我吃的。

從小就沒有父親在身邊照顧的我，或許是角色投射，受到這樣的照顧後當下做了一個決定，不論發生什麼事，我都願意

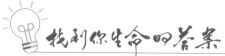
跟在這個男人的身邊學習，把他當作自己父親一樣的尊重。

而這個形同父子、師徒的關係最後只維持到1993年…

學習長大

馬爺過世之後隔了一陣子，我收到了兵單，於是我就進了藝工隊開始我為期兩年的兵期，在藝工隊裡，我學會了排舞、學會了如何架設燈光音響、如何調燈調音、學會了如何與人相處，也認識了很多非常有才華的學長姊。

兩年過後，我退伍了，我決定回到R2繼續尋找我的演藝之夢，很可惜我並沒有待太久就離開這個當初我想一輩子賣命的地方，因為，R2的經營理念已經跟當初我想要已經不同了，我渴望的是馬爺當初所設定的夢想與規劃，把我們培育成十項全能的藝人，以馬爺的學生為榮，在演藝圈裡開枝散葉，而不是跟我說「努力賺錢，錢賺了差不多後就可以出去開7-11，好好的過生活。」

離開R2舞群後，遇到了不少貴人幫忙，像是我未當兵之前，在秀場一起表演時認識的全方位演員郎祖筠「郎姐」就是其中之一。

郎姐從以前我們在秀場時期就一直把我當作親弟弟一樣照顧，而我也很自然地把她當作自己的親姊姊，她一接到我

的電話，知道我離開R2，於是便花了好幾天時間，利用她不需要錄影錄廣播的空檔，帶著我到處拜訪幫我找工作機會，也教我如何當一個ＶＪ，直到現在我都非常非常感謝她對我的付出與幫助，在我心中一直都記得這位好姐姐。

方文山、黃俊郎，也是我一直很感謝的貴人，在我剛離婚面臨最無助及受到合夥哥兒們的誤會導致對人性失望的時候，他們給了我希望與信任，願意與我一起成立舞蹈工作室，雖然最後是因為有位股東在沒有招開股東會議的狀況下挪用公司資金去裝潢舞蹈教室，犯了我這個固執魔羯座的大忌，才導致我離開了那間舞蹈工作室，但直到現在，我也一直對他們抱持著感激的心。

慢慢的學習與成長，從一個以前被R2保護的小綿羊，到最後已經是懂得如何談案子的大野狼，擔任自由舞者接演出與排舞、新馬及大陸的演唱會秀導、還一度成為首位參加過『日本NHK紅白歌合戰』的台灣舞者及媒體報導台灣年度尾牙場最多的排舞老師。

更特別的是，經由朋友的介紹，剛好遇上東森幼幼台需要有舞蹈經驗的人，而我就這樣地成為第一代兒童節目主持人「芭樂哥哥」，不過或許是因為剛創台的關係，對我來說兒童節目主持人薪水實在太低，所以在我錄了一張專輯之後

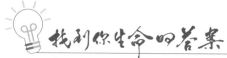
便結束了短暫「芭樂哥哥」生涯。

　　最後，我預見演藝圈的市場將會慢慢萎縮，於是決定再度轉行。

泥沼

　　當一個完全沒有辦公室經驗，完全沒有業務經驗的人要轉行轉職，是一件痛苦的事情，畢竟習慣了舞台上的掌聲，習慣了所有人尊稱『老師』，習慣了只需要動腦賣點子就能賺錢生活，所以，當我每次一打開人力銀行的網站，整個思緒就像陷入泥沼裡動彈不得，但為了生存，必須要努力地往前爬，無奈的是怎麼爬也爬不動，完全找不到可以前進的方向，想要做一般上班族，我知道朝九晚五坐辦公桌的工作我一定沒辦法，想要做保險直銷，我知道我臉皮薄沒辦法推銷給家人朋友，想要不脫離演藝圈乾脆做演藝經紀人或助理，卻因為我資深的經歷，許多公司覺得薪水給少了是不尊重我，但給多了又覺得我沒有相關的工作經驗，導致都沒有一間公司敢請我。

　　當收入銳減，生活開銷依然沉重，完全陷入一種絕望的低潮期，說真的，如果當時沒有另外一伴的支持，是無法克服的。

當時在自己完全沒有收入的時候，所有收入來源完全是靠太太一個人工作而來（當時只是男女朋友）。

　　某天半夜我突然醒來，發覺床邊的那個人不在身邊，而客廳的小燈依然亮著，我躡手躡腳地走往客廳，從轉角的牆邊望過時，看著我的太太在一個昏暗的燈光下，像是怕吵到我似的，非常小聲地敲著計算機算著帳單，看著手裡的存摺嘆氣，我知道，她正在算著家裡的收入及支出。

　　看到這個畫面，我的心非常痛也很懊悔，心裡想著：「如果我再堅持一點，如果我再多努力一點，今天就不會讓她這麼辛苦了。」

 蛻變

　　所有的轉變都來自於2007年的一個夏天………

　　低潮了幾年，那幾年案子量大減，雖然當中也曾去過幾間經紀公司擔任經紀部的主管，但我果然是一個很不會低頭彎腰找case進來的人，所以，沒有替公司找到很多足以養活簽約演員的案子，最後面子掛不住，也不好意思空領薪水，只好提離職。

　　以前太順風順水，從來沒有想過原來想要轉職轉行是這麼困難的事，或許是一直都沒有找到自己到底想做的是

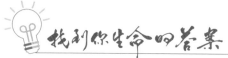
什麼吧！

人們總說當局者迷，自己一直陷在泥沼裡，放棄不了以前的光環，也從來沒有看清自己的特色是什麼。

某一天，我太太的乾姊跟我說了些話，而那些話就像是有人把我的耳罩給拿掉，拿塊布把我那矇住眼睛的泥給擦掉，然後塞了幾顆定心丸。

「淞竣，我一直在觀察你是什麼樣的人，我知道你並不是一個懶惰的人，你只是時機未到還沒有機會，但你越消極情緒越低迷，那你就越容易爬不出來。」

「你有沒有想過，如果不回舞蹈圈，你的興趣是什麼？」

興趣！

對…我一直都只在意我能做什麼，哪個工作能賺很多錢，但我似乎沒有想過我到底喜歡什麼，

真要仔細思考的話，當初我高三畢業之後，考上了政大心理學系，如果沒有在R2賺錢，我應該會想要往心理醫師或是律師的方向走，但因為在那之前我已經在R2工作，每個月的薪水少則三、四萬，最多時甚至將近十萬，經過評估後，我決定從唸了幾個月的大學肄業，繼續跳舞工作賺錢。

為什麼會想讀心理學？

可能是因為自己本來就愛給別人建議、愛聽別人說話、愛觀察旁人，所以想透過心理學幫助更多人。

但我已三十多歲了，不可能為了要當諮商心理師再回去讀書然後出來執業，那得花太長時間了。

我太太的乾姊沉思了一會便問：「你 X 月 X 日那天，跟我去一趟中央大學，跟我去上幾天課，學費我出。」

而那天，我找到真正想做的事情，也找到我人生未來的方向。

到了約定的那天，我跟我太太的乾姊進了校區，坐在一間教室，思考著今天到底是要來聽什麼課？

時間到了，一位教授走了進來，本以為是這位教授要教課，結果他也只是來做開場白而已，開場白一說完便介紹一位老外進來，而這位老外就是引導我進入這一行的老師。

他是全球三大國際知名催眠大師之一，美國IACT「國際諮商師與治療師協會」（The International Association of Counselors and Therapists）會長Robert Otto。

他演講風趣，催眠技巧驚人，並且詳細的介紹什麼是催眠，完全破除我以前對催眠的看法。

原來催眠本來就是科學是治療，原來我們以前在電視看到的、網路上看到的，都是表演式催眠，並不代表催眠的本

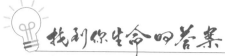

質就只是那樣而已。

　　找到了！！

　　原來除了心理學，我還可以學習催眠來幫助人！

　　上了幾天課，問了許多我對催眠的疑問，也聽了很多個案及解決方法，更加深了我的想法，我決定催眠就是我這一生想要從事的工作，我想要傳遞「催眠是什麼？」的正確觀念給更多的人，想要幫現代人釋放壓力，協助他們找到他們未來的目標，讓社會充滿真正的『正能量』。

 ## 等級提升 LEVEL UP

　　2012年……

　　開始推廣催眠幾年以後，由於高中同學的介紹幫我牽了往上海發展工作的線。

　　我知道上海進步的速度非常可怕，資訊接收也很快速前衛，居住在上海的人絕大部分比我們更能接受催眠對人是有幫助的事實，雖然大家語言相通，但對我來說畢竟還算是異鄉，上海不只人口多，就連催眠師也很多，我一直在思考要如何在這個人生地不熟，這麼多臥虎藏龍的環境之中打下一片江山，闖出自己的名號。

　　我靜下心來對自己問了許多問題，釐清我的想法之後

便打了一通電話，我打給了當初在中央大學做開場白的張榮森教授詢問我該怎麼辦才能突破這個局面，張教授的其中一個身分是美國IACT「國際諮商師與治療師協會」（The International Association of Counselors and Therapists）大中華區的會長，我打去跟他說了我的顧慮也說了我的隱憂，我用催眠師的身分去對岸上課，根本很難在上海有一席之地，也很難推廣我們IACT這個協會。

張教授聽了以後思考一下便說，他知道我一直都很認真地推廣催眠，雖然不符合規矩，但他認為他可以以他大中華區會長的身分任命我為大中華區講師，授權我可以授課與演講。

這個消息對我來說簡直天降甘霖，在那之後我便開始以IACT「國際諮商師與治療師協會」（The International Association of Counselors and Therapists）大中華區講師的身分在各個地方演講授課，也因此發展出我獨創的「負能量釋放」這個新的工具及「負能量釋放師」這個新的名詞。

我在2018年擔任了海峽兩岸身心靈研討委員會主任委員（現已離職），2019年擔任了IABP身心靈推展策略國際聯盟總會會長，其中也透過朋友介紹的教授幫忙，讓美國NYWE學會及美國IACE聯盟共同認證國際負能量釋放師這個新的證照。

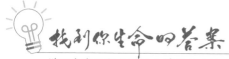
　　雖然在這十幾年內，我曾受邀至蘇州、無錫、北京、上海、成都、新加坡、馬來西亞、日本的大阪各辦過數場課程，而且每場參加人數由20幾位至4、500位皆有，參加課程的學員也有企業界的老闆、員工、家庭主婦、學生甚至已退休的老先生與老太太還有媒體人，各式各樣的人都有，但總覺得自己距離上一次的進修已經很久了，我想要升等，我想要在台灣可以大聲的說「對，我就是在做治療，我就是在用催眠來療癒別人。」

　　我又再度的對自己問了許多問題，我忽然想到～是呀…我怎麼忘記我們台灣，不！是亞洲還有一位催眠大師徐明，他就在台灣，他的協會是內政部核可，也是中華歷史上第一個合法登記的催眠協會，而且據我所知，他的催眠也跟我推廣的催眠一樣，走的是治療，我如果去跟他學習，功力不就更上一層樓嗎！？

　　於是我報名了課程，向中華民國催眠協會的徐明老師進修學習，讓自己的技術更精進，果然沒讓我失望，徐明老師的催眠課的確彌補了我的基礎與知識的不足，而且他是一位熱心又願意教導的老師，任何關於催眠不懂的地方向他請教，他都會不厭其煩的教導。

　　此生，我能向兩位大師（Robert Otto及徐明）學習催

眠，是我目前覺得最驕傲的事情。

 回顧過去展望未來

由於從小在日本長大，我知道自己是一個非常大男人主義的人，也因為從很小就開始半工半讀，所以養成了自己的獨立以及孤僻的個性。

從出社會到現在，我一路上被許多人需要也被許多人幫助，漸漸地，我打開了心房，也越來越願意與人接觸，學了催眠之後，更有一種使命感，希望能用自己的專長幫助更多需要被幫助的人。

最大的成就感來自於在催眠的這條路上堅持了十幾年，一直在跟大家說壓力有多可怕，壓力的釋放有多重要，但～要不是沒有人在意，就是對催眠一直抱持極大錯誤的觀念，直到2020年新冠疫情爆發....大家的生活被迫改變後壓力忽然排山倒海而來，人們才開始正視『壓力過大對身體的影響』這個問題。

所以當開始有警局的演講邀約、媒體的採訪，就讓我知道10年磨一劍並沒有白白堅持，正確的觀念將慢慢地被引導出來，慢慢地讓更多人知道。

一個男人的成就，背後是一個女人默默付出換來的。

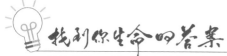
十年來的收入不穩定，十年來的堅持，是一個女人咬著牙根默默的支持。

如果真要說聲感謝，我想，不免俗地跟許多成功的男人一樣～

『我特別感謝我的太太。』

找出生命的答案

你問我是否已經找出生命的答案？

我認為，生命，永遠沒有答案。

如果只是追求快樂與尋找生命的意義，那簡單多了，畢竟每個人都是個體，每個人的人生、經驗、過往及未來都不會相同，只要戒除一些錯誤的想法時，就可以感到快樂。

但如果真要說，我只能說，生命的答案不在未來，而是在我們自己的身上，多思考，多問問自己，多瞭解自己，你就會得到跟我不同的答案。

如果問我接下來有什麼展望或是期許？

我想說的是～

這是我這一生想要從事的工作，我想要傳遞『催眠是什麼？』的正確觀念給更多人知道，我想要讓更多人懂得釋放壓力，並讓社會充滿『真正的』正能量。

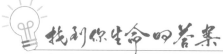

從室內設計跨足建築業，
人生不設限的空間創業家

鄭文祥 點線面空間設計有限公司 負責人暨設計總監

鄭文祥 個人簡介

現任
點線面空間設計有限公司 負責人暨設計總監

學歷
天主教輔仁大學 應用美術學系_室內設計組

經歷
大英室內設計 專案設計師
大夏室內設計 專案設計師
築上設計 設計師
BNI大天分會 室內設計師代表
國際扶輪3521地區 台北洲美扶輪社
中華民國群鷹公益發展協會 監事
第26期 凱達格蘭學校國家領導與發展策略班

榮譽
第22屆國家建築金質獎 規劃設計金獎

實務經驗
1984出生，台北人，追求空間美學的創業者。入行13年專注空間本業追求成長，用持續精進的設計能力服務客戶，經手過的設計與工程案超過三百件以上。在住宅類型部分，近年以新成屋與獨棟別墅為設計主力，引進銀髮住宅與智慧住宅的概念，提供現代人更舒適的生活樣貌。而在商業辦公類型部分，近年以商務中心與民宿旅館為設計主力，在創造美感的同時，規劃無人化的管理系統，符合疫情後世界大環境的經營趨勢。近年跨入建築業與危老重建的領域，期待下一個十年實踐更多的夢想，為每一個人「創造美的幸福感」。

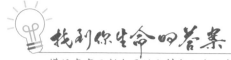

找到你生命的答案

懂得真實面對自己活出精彩人生的十個答案

┌─────────────────┐
│   座右銘   │
└─────────────────┘

態度決定高度，格局決定結局。

「哇！好美喔！」簡單的一句話，配合著睜大的雙眼，客戶內心的喜悅溢於言表，於我，就是最大的鼓舞。我，是一個空間創業家，幫助客戶「創造美的幸福感」，就是我最大的夢想與使命。

從小就喜歡美術繪畫，校內比賽幾乎都是第一名的常勝軍，校外比賽更是老師指定參賽的好手，雖然在國中、高中一度忙於學業而短暫放棄美術，到了大學聯考選填志願時，對於美術的熱愛又瞬間油然而生無法忘懷，最終考上輔仁大學應用美術學系__室內設計組，開啟了在空間領域創業的人生。

 ## 大學時期打工接案　奠定未來的基礎

什麼是「設計」？就字面上來看，即「設想和計劃，設想是目的；計劃是過程」而我認為，設計的精神就是「創造美的幸福感」，不是像藝術家專注於表達自己而已。所以，室內設計除了喜不喜歡、適不適合，更要能在解決需求的同

時保有設計的精神。

在求學期間，除了專注於學業，我暑假還會去室內設計公司打工充實自己，也曾自己接案磨練設計能力。

猶記得大三升大四時，同校同學在某間海景餐廳打工，剛好那間餐廳需要調整空間氣氛與燈光造型，在同學推薦之下，老闆決定請我負責設計。我依照這間餐廳的空間特色，設計南洋風格的空間。當時，以一個大學生來說，雖說我有豐富的打工經驗，若要獨立接案，也需有足夠的勇氣與自信，面對過程中遇到的問題。暑假整整兩個月的時間，我用極大的熱情，全神貫注在這個案子上，克服過程中許多的挑戰。

完工之後，老闆很滿意整體結果，這個案子設計加工程的報價是15萬，我除了開心自己一展長才之外，也開心學以致用賺到人生第一桶小小的黃金，更滿足的是，客戶臉上那滿意的笑容，至今難以忘懷。

有了一次成功的接案經驗，加深了我對室內設計的信心，覺得這既是我喜歡的行業，又可以協助客戶完成夢想，何樂而不為呢？！

初入行每天工作15小時　在工地累積經驗與實力

現在很多人聽到「設計師」這三個字，感覺是一份美與

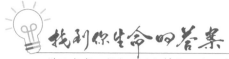

優雅的行業，但如果要當成終生投入的事業，這些浪漫的想法就必須謹慎以對了。

我在大四時，曾經猶豫要不要做室內設計，一邊準備研究所的同時，一邊給自己時間思考。當時的我，總覺得人生好像一輩子就是遵循著升學、考試、就業的制式化人生，所以有點茫然，找不出人生的意義。後來退伍後，不幸的遇到2008金融海嘯，各行各業完全面臨停頓找不到工作，豈不知命運的安排，我反而開拓更廣的視野。

既然找不到合適工作，那就好好進修吧！於是，我利用政府的補助方案充實自己，嘗試參加房地產課程。你一定很好奇：怎麼會是房地產課程！而不是室內設計課程呢？當時的想法是，我雖然偏好從事室內設計的工作，但我不應該只堅持單一路線，應該要抱持開放的心態，多接觸空間相關的領域，讓自己的專業既深且廣。抱持這樣的信念，上了一年半的課程，隨著景氣緩步復甦，一些想法開始在心中醞釀，接著，我正式投入室內設計的職場生涯。

入行之後，我深刻體會到一個頂尖室內設計師的培育，是類似於學徒制的！成功的心法就在於「師父領進門，修行在個人」這句話之中。

頂尖室內設計師養成需具備「天份美感」、「設計能

力」、及「工程實務」，三者缺一不可；此外，更需要設計
前輩、工地師傅手把手地教導你，你才能出類拔萃。這也是
為什麼頂尖的室內設計師，越來越稀有的原因！

　　只是，很多年輕人嚮往設計師的光環；但是，工作態度
卻像是在打工，不管工作有沒有完成，只求準時上下班。一
個邁向頂尖的室內設計師，日子可沒有這麼輕鬆，必須能設
計也熟工程，累積扎實的基本功。從入行開始到創業當老
闆，我要歸功剛前面入行的那段時光，每天早上8點準時工
地報到，下午4點返回公司，正常下午6點應該要下班了，我
會自我要求繼續畫圖到晚上9點。萬一老闆臨時改圖我就繼
續工作，要求三種方案我就畫六種方案，考驗自己的設計能
力，經常是深夜12點伴著月色回家。整整5年，我是這樣鍛
鍊自己的，全都是為了將來的創業夢想而來鋪路。

　　在逐夢的過程中，「如何讓別人信任你」是很重要的一
件事，而「態度」就是最核心關鍵！

　　舉例來說：工作上的事情，我永遠認真以對！有不明瞭
的地方，我就直接請教師傅，要怎麼做才是對的？因為魔鬼
藏在細節裡，術業有專攻、不恥下問，才是為人處事應有的
態度。師傅一開始看你是菜鳥，會想考驗你，當他看到你認
真的「態度」，就多少會解釋一點工法。我在一次兩次詢問

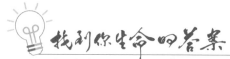

之後，逐漸學起來。當有一天我講出來的解決方法比師傅靈活，師傅就會認同你，你也贏得了師傅的尊重和信任。

很多資深師傅，與專業程度不足的設計師合作意願不高；因為一旦遇上工程問題，師傅會非常困擾，深怕無止盡的修改！這也是為什麼，好師傅只跟頂尖設計師長期配合。像我在業界已經13年，我從師傅的話裡，就可以聽得出師傅是不是有甚麼顧慮？我就會直接告訴他：「要如何你才能做得到？我們也許可以試試這樣的做法….」師傅就會知道設計師是精益求精的，是了解工程細節的，就能放心的全力與設計師配合。

因此，當彼此互信互重的時候，這些師傅自然也和我成為緊密無間的團隊，創造客戶最大的價值。

座右銘

將心比心，客戶贏我才贏。

 ## 創業當老闆　用心負責客戶感動

你的目標一開始設定在哪裡，你有多大的熱情你就會用什麼態度去面對它！「心想事成」這句話，真的沒錯！

學校的知識跟真實的就業環境，相較起來難免有落差，加上我畢業後又遇2008金融海嘯，相比應屆的同學稍晚就業，因此當我決定事業方向後，就很努力朝著夢想邁進。尤其「創業當老闆」是我設定的目標，因此我從上班第一天開始，就打定主意，不論如何要堅持到底，不怕苦不怕難。所以我全力以赴，遇到不懂得就問到懂、做到會為止。看看身邊的同事，常常半年一年就轉換跑道，能堅持到最後的不多，成功創業後，持續經營者又更少了。

　　入行13年到現在，讓我最為感動的案子，就是創業之初，第一次簽約破百萬設計費的案子，那份感動是這輩子永生難忘的記憶，對我意義非凡。

　　我記得那時創業不久，空有一身專業本領卻無相應的溝通能力，往往案子都談得不順利有時蠻灰心。一方面也是口碑累積不夠，願意信任你的客戶很少，大多數都是接一些小型案件，缺乏更大的機會。後來因緣際會之下，有一件六層樓民宿的案子，願意給我機會，實在讓我喜出望外，簽約百萬設計費對於當時的我，是非常大的肯定。完工後客戶非常滿意，在旅遊網站Booking上長期都是9.6的高分，至今內心充滿感恩的心情。

　　另一個印象深刻的，也在自己剛創業時，第一次吃虧的

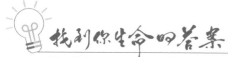

時候。

當時，友人介紹一個整棟別墅的設計案，對方是一個中小企業的老闆。雙方談的很深入、也很融洽，對方也是口口聲聲說要簽約，還說：「你這個設計圖讓我回去研究一下，下次見面就簽約。」沒想到，設計圖給他之後，對方竟然把我電話封鎖、再也連繫不上。對於一位設計師而言，最想要的就是能服務客戶證明自己，也希望對方認同我的專業和價值，所以我失了戒心，吃了一個大悶虧。

這個教訓讓我明白，一是，世界上不是每個人都是誠信的，二是，因為客戶還不懂我提供的價值，自然會遇到想拐騙設計圖、只想要殺價的客戶。隨著口碑的累積，我培養出信任我的客戶，客戶明白他付的服務費用，可以獲得相對的服務內容，成果都是超出預期的完美；如果遇到不明瞭設計價值的客戶，貿然合作只會破壞口碑，徒增誤會。所以，在接案的時後，一開始就必須讓客戶了解設計的價值與對的他的幫助才是。

一分錢一分貨　從物有所價到物超所值

室內設計師的第一個重責大任就是要把客戶的夢想實體化，完整的做出一個專案，並且實踐在居家中。

很多客戶對於自己的需求，其實有點虛幻和零碎，「我希望廚房寬一點」、「我希望客廳大一點」、「我希望有收納的地方」諸如此類的要求，但是客戶很難具體表達，設計師必須寫下來抽象的描述，轉化概念，畫在圖面上不斷跟客戶互動、溝通。

　　以我而言，我願意花精神，去跟客戶討論他們的生活的習慣，例如：冬天和夏天的衣物怎麼收納？雜物習慣放哪裡？煮菜是不是習慣用大火炒？如此一來，我才能設計衣櫥的空間，考量廚房是否使用半封閉式，以避免油煙擴散。如果屋主習慣早上起床就要喝咖啡，我就會看要在哪裡設計一個放咖啡機的地方，方便他使用，這才是貼心的室內設計，而非強迫客戶接受設計師設定的生活樣貌。

　　「為什麼設計師的報價會比較貴？為什麼設計師發包的金額會比較高？」面對消費者諸如此類的疑問，我必須告訴你，室內設計師的另一個重責大任就是做好工程品質管理！

　　行業中待久了，設計師也會踩到地雷，也配合過技術不佳、不負責任的師傅，相對地，我們也知道哪一位師傅是有技術、有責任感、有意願把事情做好，而不僅僅是做完。用心挑選出的工班團隊，才能配合設計公司的高標準，維持公司的口碑商譽和工程品質，不負客戶所託。

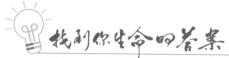
　　不能否認的是很多消費者，一開始會想找最便宜的，但陷阱往往就藏在這裡。

　　網路上爆料的工程糾紛，多數是來自於「想更便宜」和「溝通不足」這兩個要素。有部分工班，往往都是技術不夠熟練，無法設身處地為客戶著想，這種就剛好符合想要「最便宜需求」的消費者，你要多便宜、他就做多便宜，但是最後的成品是細緻？還是粗糙？品質高下立見！另外一種現象，就是消費者不斷的議價，師傅就給你不甚詳盡的承諾與報價，最後就是不斷的追加經費，最後雙方兩敗俱傷，產生惡性循環的結果。

　　我分享一件真實的故事。客戶找我做預售屋的客變，但對方後來也是求便宜，甚至認為設計很簡單，自己畫也差不多吧？！於是，用自己畫的粗糙手繪稿交給工程單位，到了交屋的時候，所有的牆面尺寸都是錯的！預計放鞋櫃的牆面深度太淺，一般來說，鞋櫃的深度至少要做35公分，不然鞋子無法正常放置，沒想到這個牆面深度只做18公分，鞋子放不進去，師傅還回覆他說：「那鞋子橫放就好了。」對方聽了差點暈倒悔不當初，只能忍受這樣憋扭的尺寸，陪伴自己二十年了，真是浪費錢又傷心。。

　　另外一種普遍的迷思就是，很多消費者以為找工程發

包，就像是去便利店買東西一樣簡單，付錢買單，結果就會如你所想的完美，殊不知過程絕非如此簡單。

事實上，建築、裝潢這些都是人工堆砌出來的，是某種廣義上的手工業。所以需要設計師、工地主任等這類專業人士來監工，幫客戶看前顧後，把每個環節都串在一起減少問題的產生，工程才會順利。室內設計的專業，就在客製化設計實現居住的夢想，監督工程完善品質，因此設計師的「物有所價」，就是這個道理。

座右銘

機會是留給準備好的人

 ## 多元學習不設限 深耕知識跨足建築業

以房地產來說，買賣土地、蓋房子、賣房子、室內設計都有各自的環節。

一般的室內設計師遇到水電問題，了解的範圍多數侷限在家裡的室內水電，但是當你接案做別墅、透天厝的時候，就一定要了整棟的水電配置，就像以前宜蘭盛行農舍，那一陣子的室內設計師，就時常接觸類似的案子。只是這樣的案子，多是

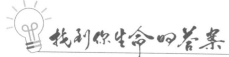

室內設計師和建築師共同合作，室內設計師能有辦法自己承做全案溝通整合，那就是自身累積的實力與專業了。

我可以自豪的說，從入行開始就不畫地自限，我一邊專精室內設計的領域，同時延伸我的觸角，讓我的視野更廣闊！包括建築、都更、危老，我都逐一涉獵，了解整個房地產的全貌與將來的趨勢。尤其每個行業會隨著時代不斷變化，當我懂得越多，除了可以滿足我的求知慾，也可以多幫客戶解決問題。現在的我，立志成為「空間創業家」，朝著空間領域多元的發展。

假設建築物是一個盒子，「建築」管的是室外的棟距、陽光、植栽等等與外在環境的關係，而「室內設計」是處理這個盒子內部與人互動的關係，對我而言，讓建築物一開始就是符合想要的樣貌，至關重要。尤其室內設計師的思維，除了好看、好用之外，更多了一層實用的體貼，甚至提前發現空間新的可能性。

多年來的持續學習，絕對不能白費，當機會來臨時，我準備好了！

我的一位客戶原本只是想要做室內設計，雙方聊天之後，像是：都市土地、非都市土地、都更危老重建、自地自建、民宿旅館等等話題，他發現我對於土地與建築有研究，

也比一般室內設計師有更豐富的專業。雙方一拍即合，於是合作設立建設公司，接著進行小型資產開發。這樣看來，如果我之前都沒有去加強相關方面的專業知識，可能跟這個客戶連聊都聊不下去，就更遑論後面的合作了，完全驗證了「機會是留給準備好的人」。

「文祥你不一樣耶！你非常的多元，了解業界的生態，知道什麼東西可以如何去整合、找什麼人合作，都非常專業清楚。」每每聽到客戶的這番讚美，我真心覺得這些年，認真努力累積的東西，帶給我豐富的回報。一開始只是要解決客戶的問題，沒想到後來竟開啟我走上建築業的另一條道路。

一般設計公司多數在自己專業的領域上深耕，有人專門設計小套房，有人專門設計辦公室，有人專門設計住宅，但我不自我設限，反而懂得更多，連建築師都很喜歡與我合作，因為他們覺得我了解他們的專業，不用多費唇舌，合作愉快、配合無間。

因為專業、因為多元、所以信任，我和客戶的關係越來越緊密，客戶自然願意委由我把空間做到最完美。我的框架越大，我的室內設計事業也越發成長，就有更多的合作機會，客戶對我的信任程度也會更加提高，建構出事業往上發

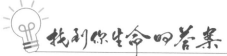

展的良性循環。

 奪下國家建築金質獎　朝空間創業家邁進

　　我自幼出生在一個平凡普通的家庭，爸爸是公務員，媽媽是電子廠的作業員，小時候非常羨慕別人美輪美奐的家，很希望自己長大可以擁有一間這樣的房子，兒時小小的起心動念，是引導我走向室內設計的小小初衷。現在看到客戶完工後的家，經過我的室內設計變得很美；看到客戶臉上掛著笑容，一句簡單、感動地說聲「謝謝」，就可以讓我很開心很久。

　　這麼多年來，投入在我喜歡的室內設計行業裡，要懂美學、懂風格、懂材料、懂設計、懂工程，還要能夠與客戶溝通真正的需求，我從來沒有自我設限也沒有懈怠，不斷從原先領域向外延伸、不斷突破、不斷要求自己，因為這就是我對人生的態度。一點一滴從做中學累積深厚基礎，從室內設計起家跨足到建築業，進而得到「第22屆國家建築金質獎 規劃設計金獎」的肯定，我相信這是努力不懈的美好成果。

　　我人生的夢想與使命，就是幫助每個人實現對於「家」的夢想，所以我願意花時間、花精力去聆聽客戶對於「家」的夢想和需求，再瑣碎的細節也不忽視，因為每個案子都有

著，客戶發自內心對美好的期許。

　　抱持著「創造美的幸福感」的使命，讓我一路朝著空間創業家之路往前邁進！

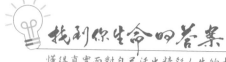
定位定人生——
在喧嘩的世界做最真實的
自己！

顏生建 創世紀商學院 創辦人

顏生建 個人簡介

- 創世紀商學院創辦人

- 曾是上市集團子公司 CEO

- 國際認證 CEO（澳洲 The CEO Institute）

- 擁有雙博士、雙碩士及土木工程學士學位

- 三家歐洲大學及商學院客座教授

- 常年在大馬與中國授課，提供企業培訓及戰略諮詢服務。

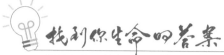

我最喜歡的歌手是香港娛樂圈的巨星－張國榮。

1989年，他在他事業最高峰的時期，宣佈舉行33場告別演唱會後，就會急流勇退，告別歌壇。當時只有11歲的我，真的是傷心欲絕，想不明白為什麼他會有這個舉動。

時間快轉到 2017年，在集團上市後的10個月，急流勇退這件事，竟然也發生在我的身上。

上帝，就是這樣幽默。

我出生在一個馬來西亞的小鄉村－利民達。在我的家鄉完成小學與中學的教育之後，我一個人去到柔佛巴魯這個與新加坡只隔著一條海峽的小城市繼續深造。五年的寒窗苦讀，我順利地考取了土木工程學士與建築管理工程碩士學位。

當時的我，帶著滿腔熱血，立志要在建築領域裡闖出自己的一片天，雖然我並不知道這個行業是否是我的最愛。反正，進入職場，大家一般都會以我們在大學念的科系，來定位與規劃我們的職業生涯，不是嗎？

2002年到2008年，我先後在三家與建築領域相關的企業工作，從一家澳洲跨國企業的銷售工程師，到建築承包商的運營經理，以及在一家即將上市的五金集團擔任銷售經理。

為幾位老闆打工之後，一直都有一種鬱鬱不得志、千里馬找不到伯樂的感覺，我開始有了創業的念頭。"自己要的

人生，就自己去創造吧！" 我如此告訴自己。

努力了、嘗試了，都遍尋不著自己想要的舞臺，那就自己建一個舞臺吧！自己建的舞臺，不論大小，過程多辛苦，我們都甘之如飴。

選擇在2007年去念 MBA 工商管理碩士，徹底顛覆了我對企業的看法，一方面接受非常扎實的企業管理教育，一方面也深受多位卓越企業家同學的影響，創業的想法越來越清晰。

2009年，我開始了我的創業旅程，幾年內陸陸續續與不同的事業夥伴開了幾家公司，有做建築材料供應的，英文商學院，以及一家小型的廣告公司。邊做邊學，才感受到初創企業真的不簡單，同時要面對資源有限、市場競爭、現金流吃緊、人才不足等重重挑戰。曾經試過遇到賒帳的主要客戶人去樓空，負債累累，幾乎想要放棄創業。但是，我還是咬緊牙根，堅持下去。

終於，皇天不負有心人，我的事業逐漸步上了軌道，先後遇到兩次千載難逢的契機，讓我在建築業的事業迎來豐收期。先是與新加坡的一個集團聯合創辦了一家大型的鋼鐵企業，接著受邀參與朋友的家族企業（馬來西亞建築材料供應的龍頭老大）在馬來西亞證券交易所主板上市的過程，成為當時上市集團裡其中一個 CEO，負責管理一家鋼鐵業的子公

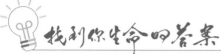

司。這兩次非常寶貴的學習經驗，大幅度地擴張了我的格局視野，提升了我企業管理的實戰競爭力，同時也為我日後的企管教學，奠定了非常穩固的基礎。

若有人問我：你人生中學習到最重要的一門功課是什麼？我會毫不猶疑地回答說：定位！我發現，在職場打拼的前面十年，我走了許多冤枉路，犯了很多不該犯的錯，甚至在當中多次迷失自己，也不知道自己到底要什麼、不要什麼。追根究底，主要原因就是當時我沒有找到人生定位，更別談去經營一份可以結合我的人生定位與企業定位的事業。

從2002年（當兼職工程設計師開始）到2017年，我在建築鋼鐵業努力奮鬥了16年，經歷了失敗，也嘗到了成功的滋味。特別是在2015年到2017年這段期間，我在大馬一家著名上市集團子公司擔任CEO的時候，同時也在經營我的商學院。表面上，很多朋友都在認可我所做的事，甚至還有很多人整天說很羨慕我當時的成就。無論當時有多少的肯定與讚賞，我總覺得內心有一種難以言喻的空洞與空虛。特別是夜深人靜、午夜夢回時，這種感受總是在我內心糾結，甚至到了某些時刻，差不多要把我活生生撕裂。

那時，我才漸漸明白，原來要活出人生的目的最重要的

秘訣是：

內外一致，聽從內心的聲音，不惜任何代價都要追求夢想！

內外一致？不惜代價？

就如大部分偉大的事情一般，這說起來容易，做起來感覺難日登天！我們的夢想，總是被以下的一些謬論打敗的：

● 做人要現實一點，現實與理想當中總是有巨大無比、難以跨越的鴻溝；

● 興趣不能夠當飯吃的啦！

● 與其整天發白日夢，不如腳踏實地地做一份工？

● 你的學歷這樣高，安安分分就好，何必冒險？

以上的說法，夠熟悉的吧？

當時的我可說是天人交戰：努力奮鬥了16年，好不容易爬到今時今日的這一個位子，怎麼捨得放棄呢？沒有人規定做教育一定要全時間做的對嗎？像一如既往的當作興趣兼職做教育，沒問題啊？

我是一個瘋狂的書迷，所以我很自然會往書裡去找答案，瞭解一些偉人是如何看待人生的目的這一件事的。

一個人應當擯棄那些令人心顫的雜念，全神貫注地走自己腳下的人生之路。——斯蒂文森

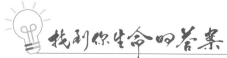

只有向自己提出偉大理想，並以自己全部的力量為之奮鬥的人，才是最幸福的。—— 加里寧

有人活著卻沒有目標，他們在世間行走，就如同河中的一棵小草隨波逐流。—— 塞涅卡

過去的，讓它過去，永遠不要回顧；未來的，等來了時再說，不要空想；我們只抓住了現在，用我們現在的理想，做我們所應該做的。—— 茅盾

無論偉人們多想激勵我們勇敢追夢，現實生活中，地球還是在我們的腳下。那段日子，我一直重複著：看書 —— 思考 —— 工作 —— 繼續看書、日復一日，周而復始地自我麻醉，始終下不了決心離開建築鋼鐵業。甚至有段時間，還自我安慰地說：說不定我能夠魚與熊掌兼得，同時在建築鋼鐵業與教育獲得成功呢？

當時的我，每星期都過著一根蠟燭兩頭燒的日子：週一到週五，專心當上市集團子公司CEO，南征北伐，又要整頓公司內部，聘請人才，同時又要帶著銷售團隊去外面衝鋒陷陣，拼銷售額拼業績；星期六、日則是忙著經營商學院的業務，到各地去教課。長期下來，身心都被透支。但，同時經營這兩種事業也有一個好處，那就是我很容易分辯哪個事業帶給我最大的滿足感。

我相信在上帝永恆的計畫與藍圖裡，萬物都有定時。還記得2016年下半年開始，我的身體開始出現了一些狀況。最嚴重的兩到三個月的時間，我每天大約凌晨三點的時間，我就會被我的胃痛疼醒。那一種錐心之痛，痛得全身發抖、全身冒冷汗。

　　於是，我問自己三個問題，找到我的人生目的/天命：

　　第一個問題：想想自己對什麼有興趣？或者做什麼時最享受？什麼會讓你發光？音樂、文學、工程、或者教育？

　　熱愛：我非常熱愛與企業管理有關的教育與培訓，熱愛到一個地步，廢寢忘食，忘了時間的存在。特別是當我站在講臺上分享或教課時，我的專注與熱情是做其他任何事都無法比擬的。企業管理與培訓就是能從我的心底深處激發我最大最澎湃的熱情，沒有一絲絲的勉強，一切就仿佛那麼自然，自然得像呼吸一般。此外，我發現所有與商學院與企業管理教育相關的課題與發展，都會不斷地吸引我的注意力，甚至大部分上互聯網找資料的時間，我都花在我最熱愛的這個領域。

　　我每年都會大量購買（一年一百多到兩百本）與大量閱讀有關企業管理的書籍，作為我備課的重要參考與依據。朝思暮想的，都是企業戰略、行銷戰略、績效管理、領導學、

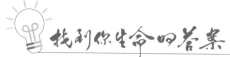
創業學、股權設計、資本運作、融資上市等課題。相反的，對於我的本科：土木工程與建築工程管理，我的熱愛程度非常明顯地不到我愛教育的十分之一。

為什麼做自己熱愛的事那麼重要？很多人為什麼創業沒多久，遇到了挫折與障礙，就輕言放棄呢？很可能主要的原因是因為他們只是把創業當作是一個賺錢的工具，而不是做他們熱愛的事。堅持到底的秘訣是什麼？很簡單，做熱愛的事，越熱愛，越容易堅持，因為你無法想像有一天你必須停止做你熱愛的事，仿佛是世界末日。

第二個問題：你最擅長什麼？你的才能在哪裡？

從小到大，我在學校與教會有特別多的機會站在臺上表演與演說。大學畢業後進入職場，最多人給予我肯定的，多是我說話的能力。他們表示，很欣賞我在臺上很自然、鎮定、有條不紊、思路清晰地把我的想法精准地表達出來，讓聽眾很容易明白我所要表達的。

剛踏入社會工作時，常在想：如果有一天我能夠靠講話吃飯賺錢的話，我應該是全世界最快樂的人！當時我好羨慕一些市場上的著名講師，能夠以演說來建立事業。

做擅長的事，很重要。如果只有熱愛，但是不擅長，這充其量只是一個嗜好，沒有辦法轉化成事業。做擅長的事，

確保我們有足夠的競爭力在市場生存，有競爭優勢，能在客戶的心智中脫穎而出。多擅長才足夠？我認為我們應該以成為某個領域的世界冠軍為終極目標，透過不斷地學習與修正，把我們擅長的事做到最專業、最細緻，成為目標客戶群無可爭議的首選，這就是所謂的"巔峰狀態"！

第三個問題：這世界需要什麼？世界有哪些問題或者機會可以發展成我們幫助別人的所在？有什麼痛點是客戶願意付費讓我去解決的？

現在的中小型企業面對許多的挑戰，大家的痛點都離不開以下的幾點：

- 大部分品牌同質化
- 無法激發消費者的欲望
- 深陷于價格戰，
- 企業利潤下降
- 無法進行品牌的打造與創新

這些痛點就好像是一個死亡的迴圈，如果不及早補救，就會把中小企業捲入死亡的深淵。我認為幫助中小企業的解決方案就是結合三大元素：企業管理教育 + 企業培訓 + 管理諮詢——

- 企管教育：教導CEO與高管人員如何規劃企業戰略，

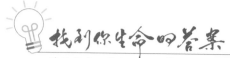

學習轉型升級的方法論，如何設定目標，以及執行到位，產生盈利與績效；

● 企業培訓：協助企業的全體員工達到共識，有同樣水準的思維與看見，知道如何運作與執行企業戰略；

● 管理諮詢：確保執行到位，根據回饋持續改進修正，完善管理機制，達成績效目標。

以上三個問題就是"刺蝟原則"的核心。 刺蝟原則的由來其實是個蠻有趣的小故事：

狐狸想盡辦法要欺負刺蝟，想盡花招對付它。 刺蝟只會一件事，就是將自己捲成一團，變成一個小箭球，任憑狐狸有什麼詭計都無法整到刺蝟。 刺蝟雖然只會一件事——偏偏那件事是最重要的！ 因此刺蝟原則帶給我們的啟示是：

與其廣而雜的作為，不如專注在最重要的一件事！

而暢銷管理書《A到A+》（Jim Collins著）作者又將"最重要的一件事"做了延伸定義，他認為唯有符合這三個條件的企業（熱情、擅長、市場價值），才能從成功邁向卓越。

刺蝟原則成功案例：

Walgreen華爾格林是美國的一家藥品，食品零售連鎖企業。主要經營藥品的零售、和食品百貨的零售。華爾格林從1975年到2000年的累計股票報酬率勝過大盤績效達15倍之

多，表現凌駕奇異、默克、可口可樂和英特爾等偉大企業。對這樣一家默默無聞（甚至可以說很沉悶）的公司而言，表現實在是驚世駭俗。

訪問寇克‧華爾格林時，記者一直請他分析得更深入一點，幫助我們瞭解他們如何締造了如此非凡的績效。最後，他生氣地說："真的沒有那麼複雜！我們一旦掌握了原則，就勇往直前。" 他們的原則是什麼？很簡單：成為最好、最便利的藥店，在每一位顧客上門光顧時，都從中獲取高利潤。就如此而已，這就是華爾格林擊敗英特爾、奇異、可口可樂和默克藥廠的突破性策略。

刺蝟原則同樣可以用在個人職場規劃：

首先，你在這方面必須特別有天分，因此充分發揮上天賦予的才華後，你或許能成為這個領域的全球頂尖高手。"我覺得好像生來就應該從事這樣的工作。"

第二，你可以從工作上獲得很好的報酬。"有人付錢請我做這樣的事？"

第三，你對於所做的事情懷抱著極大的熱情，很喜歡這樣的工作，也能享受整個工作過程。"我每天早上醒來，都很盼望趕快開始工作，而且我真的相信我做的事情很重要。"

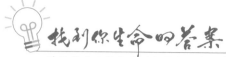
三個圓圈的交集處，就是你的天命，你人生的定位！

熱情

擅長

市場價值

　　如果你的人生來到了十字路口，不知道下一步要怎麼走，深入地思考刺蝟原則，與自己對話，聆聽內心的聲音，你應該可以找到你夢寐以求的答案！

　　刺蝟原則完全翻轉了我對人生與事業的看法。我曾經以為（我相信很多人都是這樣想的）一個人要在多個事業上成功才算得上是"真成功"。所以從2009年到2017年我都努力在兩個事業（建築材料與教育）中折騰，希望能同時在兩個事業獲得巨大的成功。但是後來才發現許多的超級成功者或卓越的企業都有一個共同點，就是：幾十年都專注做一件事情，而這件事的都符合了刺蝟原則，結合了熱愛、擅長與市場價值。

就在那一瞬間，一個全新的頓悟突然敲醒了我的腦袋：屬於我的刺蝟原則，我不是早就找到了嗎？我的刺蝟，就是：

中文企業管理教育！

　　2017年二月，我通知了董事部，遞上了辭呈，把我擁有的股權賣掉，就義無反顧地離開了上市集團，也同時為我16年在建築領域的奮鬥旅程劃上了句號，展開我人生嶄新的一頁。

　　年少輕狂的時候，我以為幸福就是努力積累很多的成功、令人稱羨的光環，以及用之不竭的財富。隨著歲月流逝，看盡人間百態，才知道能夠每天做自己熱愛的事，能夠熱愛每天在努力幹的事，就是幸福。

　　離開建築業的前兩年，我收到了不同國家夥伴的邀請，把我們的課程帶到了馬來西亞各大城市、中國、新加坡、柬埔寨、澳門及泰國。能夠一邊從事自己熱愛的事業，一邊旅遊，這就是我夢寐以求的生活方式，每一天都是幸福滿滿。

　　往後的日子，我陸陸續續在中國廈門與溫州辦了五十多場課程，估計有超過5000位中國的企業家上過了我的課。特別是在溫州，慢慢地，越來越多企業家認識我，也知道我是辦企業管理教育的，來自馬來西亞。

　　2019年3月29日，我的教育事業邁入了一個新的里程碑。經過一段時間的籌備，我與我中國的夥伴迎來了EMBA中國

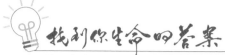

溫州班的開學典禮。當天有許多溫州的朋友與知名的商界大咖出席，場面相當熱鬧。除了短期課程與EMBA碩士班，我也為溫州的一些企業提供量身定制的企業培訓與諮詢服務，幫助他們轉型升級，管理系統化。

正當我打算重組我在馬來西亞的業務，以便我能在接下來的日子花更多的時間開拓中國市場的時候，疫情以迅雷不及掩耳的姿態席捲全球，把所有的計畫都給打亂了。馬來西亞的疫情從去年三月開始，就一直反反復複，時好時壞。本來一開始大馬政府在防疫的事上還是做得不錯的，但是後來因為開始鬆懈了，以致於疫情越來越嚴重，2021年的7月，每日新確診的數位屢創新高。中小企業首當其衝，叫苦連天，很多因為現金流完全斷裂而被逼結業，一波接一波的企業倒閉潮是建國以來從未見過的。

我非常的幸運，疫情對我來說反而是一個契機，趁機把我的教育事業轉型，更符合這個數碼時代。我的定位與任務，仍然沒有改變，就是要用中文企業管理教育協助中小企業持續盈利、轉型升級！但完成此任務的方法與管道變得多元化，更豐富了。疫情前，我都是專注在辦實體課，也非常以實體課為傲，因為實體課的教學體驗與效果都是無與倫比的。

疫情與政府實施的行動限制令，讓我徹底走出自己的舒

適區。我開始學習做直播，並且逐步地把我所有的課程搬到線上，同時加強我們商學院的數碼行銷，大量地透過社交媒體引流。線上教學讓我們能夠吸引到不同國家的企業家來報讀我們的 EMBA 碩士與 DBA 博士課程，把我們優質的教育帶到真正的國際市場。

除了我們原本的核心業務持續擴大了影響力範圍，疫情也讓我們開拓了新的商機與業務，就是國際化的戰略諮詢項目。越來越多人能夠接受以視訊的方式進行企業諮詢，而這也是效率最高的模式，擺脫了以往時間與空間的限制，實現無國界的資源整合。目前我們在大馬，中國與新加坡有十個不同類型的諮詢專案，有協助新創企業設計商業模式及制定戰略的，有協助傳統企業轉型升級的，更有輔導中小企業通往上市之路的案子。

面對未知的未來，我認為能夠持續卓越的秘訣在於，一方面我們找到了精准定位，專心致志地深耕運作，一方面我們也要不斷地合理化我們的商業模式，來適應疫情中及疫情後的的數碼時代。

這是一個最壞的時代，同時也是最好的時代。

不要浪費這一次的危機，祝福大家都能遇見更好的自己！

找到你生命的答案

懂得真實面對自己活出精彩人生的十個答案

主　　編：卓天仁
作　　者：李同榮、陳嘉祥、陳羅克、張景榮、堀江蓋文、黃健輝、
　　　　　黃瓊鳳、游淞竣、鄭文祥、顏生健
封面設計：王志強
文字整理：陳珈螢
書法字體：卓天祥
畫作提供：陳羅克
發 行 人：吳心芳

出　　版：巔峰潛能有限公司
地　　址：台北市大安區和平東路三段109號11樓之2
電　　話：02-2737-3743
傳　　真：02-2737-5208
E-mail：beyondtim@gmail.com

代理經銷：白象文化事業有限公司
電　　話：04-2220-8589
傳　　真：04-2220-8505
印　　刷：中華印刷
初　　版：2021年10月
售　　價：新台幣 350 元

ISBN　978-986-06183-3-4　（平裝）

國家圖書館出版品預行編目(CIP)資料

找到你生命的答案：懂得真實面對自己活出精彩人生的十個答案/李同榮, 陳嘉祥, 陳羅克, 張景榮, 堀江蓋文, 黃健輝, 黃瓊鳳, 游淞竣, 鄭文祥, 顏生健作；卓天仁主編.
-- 初版. -- 臺北市：巔峰潛能有限公司, 2021.10
192面；15 x 21 公分
ISBN 978-986-06183-3-4(平裝)
1.自我實現 2.生活指導 3.成功法
177.2　　110017337

巔峰潛能有限公司

Be a Commerce God